Philippicae

Marcus Tullius Cicero

Philippicae
Copyright © JiaHu Books 2014
First Published in Great Britain in 2013 by Jiahu Books – part of
Richardson-Prachai Solutions Ltd, 34 Egerton Gate, Milton Keynes,
MK5 7HH
ISBN: 978-1-78435-003-1
Conditions of sale
A CIP catalogue record for this book is available from the British
Library
Visit us at: jiahubooks.co.uk

2

PHILIPPICA PRIMA

Antequam de republica, patres conscripti, dicam ea, quae dicenda hoc tempore arbitror, exponam vobis breviter consilium et profectionis et reversionis meae. Ego cum sperarem aliquando ad vestrum consilium auctoritatemque rem publicam esse revocatam, manendum mihi statuebam, quasi in vigilia quadam consulari ac senatoria. Nec vero usquam discedebam nec a re publica deiciebam oculos ex eo die, quo in aedem Telluris convocati sumus. In quo templo, quantum in me fuit, ieci fundamenta pacis Atheniensiumque renovavi vetus exemplum; Graecum etiam verbum usurpavi, quo tum in sedandis discordiis usa erat civitas illa, atque omnem memoriam discordiarum oblivione sempiterna delendam censui.

Praeclara tum oratio M. Antoni, egregia etiam voluntas; pax denique per eum et per liberos eius cum praestantissimis civibus confirmata est. Atque his principiis reliqua consentiebant. Ad deliberationes eas, quas habebat domi de re publica, principes civitatis adhibebat; ad hunc ordinem res optimas deferebat; nihil tum, nisi quod erat notum omnibus, in C. Caesaris commentariis reperiebatur; summa constantia ad ea, quae quaesita erant, respondebat.

Num qui exsules restituti? Unum aiebat, praeterea neminem. Num immunitates datae? 'Nullae', respondebat. Assentiri etiam nos Ser. Sulpicio, clarissimo viro, voluit, ne qua tabula post Idus Martias ullius decreti Caesaris aut beneficii figeretur. Multa praetereo, eaque praeclara; ad singulare enim M. Antoni factum festinat oratio. Dictaturam, quae iam vim regiae potestatis obsederat, funditus ex re publica sustulit; de qua re ne sententias quidem diximus. Scriptum senatus consultum, quod fieri vellet, attulit; quo recitato, auctoritatem eius summo studio secuti sumus eique amplissimis verbis per senatus consultum gratias egimus.

Lux quaedam videbatur oblata non modo regno, quod pertuleramus, sed etiam regni timore sublato, magnumque pignus ab eo rei publicae datum, se liberam civitatem esse velle, cum dictatoris nomen, quod saepe iustum fuisset, propter perpetuae dictaturae recentem memoriam funditus ex re publica sustulisset.

Liberatus periculo caedis paucis post diebus senatus; uncus impactus est fugitivo illi, qui in Mari nomen invaserat. Atque haec omnia communiter cum collega; alia porro propria Dolabellae, quae, nisi collega afuisset, credo iis futura fuisse communia. Nam cum serperet in urbe infinitum malum idque manaret in dies latius idemque bustum in foro facerent, qui illam insepultam sepulturam effecerant, et cotidie magis magisque perditi homines cum sui similibus servis tectis ac templis urbis minitarentur, talis animadversio fuit Dolabellae cum in audacis sceleratosque servos, tum in impuros et nefarios liberos, talisque eversio illius exsecratae columnae, ut mihi mirum videatur tam valde reliquum tempus ab illo uno die dissensisse.

Ecce enim Kalendis Iuniis, quibus ut adessemus, edixerat, mutata omnia: nihil per senatum, multa et magna per populum et absente populo et invito. Consules designati negabant se audere in senatum venire; patriae liberatores urbe carebant ea, cuius a cervicibus iugum servile deiecerant; quos tamen ipsi consules in contionibus et in omni sermone laudabant. Veterani qui appellabantur, quibus hic ordo diligentissime caverat, non ad conservationem earum rerum, quas habebant, sed ad spem novarum praedarum incitabantur. Quae cum audire mallem quam videre haberemque ius legationis liberum, ea mente discessi, ut adessem Kalendis Ianuariis, quod initium senatus cogendi fore videbatur.

Exposui, patres conscripti, profectionis consilium; nunc reversionis, quae plus admirationis habet, breviter exponam. Cum Brundisium iterque illud, quod tritum in Graeciam est, non sine causa vitavissem, Kalendis Sextilibus veni Syracusas, quod ab ea urbe transmissio in Graeciam laudabatur; quae tamen urbs mihi coniunctissima plus una me nocte cupiens retinere non potuit. Veritus sum, ne meus repentinus ad meos necessarios adventus suspicionis aliquid afferet, si essem commoratus. Cum autem me ex Sicilia ad Leucopetram, quod est promontorium agri Regini, venti detulissent, ab eo loco conscendi, ut transmitterem, nec ita multum provectus, reiectus austro sum in eum ipsum locum, unde conscenderam.

Cumque intempesta nox esset mansissemque in villa P.Valeri, comitis et familiaris mei, postridieque apud eundem ventum exspectans manerem, municipes Regini complures ad me venerunt, ex iis quidam Roma recentes; a quibus primum accipio

M. Antoni contionem, quae mihi ita placuit, ut, ea lecta, de reversione primum coeperim cogitare. Nec ita multo post edictum Bruti affertur et Cassi, quod quidem mihi, fortasse quod eos plus etiam rei publicae quam familiaritatis gratia diligo, plenum aequitatis videbatur. Addebant praeterea (fit enim plerumque, ut ii, qui boni quid volunt afferre, affingant aliquid, quo faciant id, quod nuntiant, laetius) rem conventuram; Kalendis Sext. senatum frequentem fore; Antonium, repudiatis malis suasoribus, remissis provinciis Galliis, ad auctoritatem senatus esse rediturum.

Tum vero tanta sum cupiditate incensus ad reditum, ut mihi nulli neque remi neque venti satis facerent, non quo me ad tempus occursurum non putarem, sed ne tardius, quam cuperem, rei publicae gratularer. Atque ego celeriter Veliam devectus Brutum vidi, quanto meo dolore, non dico. Turpe mihi ipsi videbatur in eam urbem me audere reverti, ex qua Brutus cederet, et ibi velle tuto esse, ubi ille non posset. Neque vero illum similiter, atque ipse eram, commotum esse vidi. Erectus enim maximi ac pulcherrimi facti sui conscientia, nihil de suo casu, multa de vestro querebatur.

Exque eo primum cognovi, quae Kalendis Sextilibus in senatu fuisset L. Pisonis oratio. Qui quamquam parum erat (id enim ipsum a Bruto audieram), a quibus debuerat, adiutus, tamen et Bruti testimonio (quo quid potest esse gravius?) et omnium praedicatione, quos postea vidi, magnam mihi videbatur gloriam consecutus. Hunc igitur ut sequerer, properavi, quem praesentes non sunt secuti, non ut proficerem aliquid (nec enim sperabam id nec praestare poteram), sed ut, si quid mihi humanitus accidisset (multa autem impendere videntur praeter naturam etiam praeterque fatum), huius tamen diei vocem testem rei publicae relinquerem meae perpetuae erga se voluntatis.

Quoniam utriusque consilii causam, patres conscripti, probatam vobis esse confido, priusquam de re publica dicere incipio, pauca querar de hesterna Antoni iniuria; cui sum amicus, idque me non nullo eius officio debere esse prae me semper tuli. Quid tandem erat causae, cur in senatum hesterno die tam acerbe cogerer? Solusne aberam, an non saepe minus frequentes fuistis, an ea res agebatur, ut etiam aegrotos deferri oporteret? Hannibal, credo, erat ad portas, aut de Pyrrhi pace agebatur, ad quam causam etiam Appium illum et caecum et senem delatum esse memoriae proditum est.

De supplicationibus referebatur, quo in genere senatores deesse non solent. Coguntur enim non pignoribus, sed eorum, de quorum honore agitur, gratia, quod idem fit, cum de triumpho refertur. Ita sine cura consules sunt, ut paene liberum sit senatori non adesse. Qui cum mihi mos notus esset, cumque e via languerem et mihimet displicerem, misi pro amicitia, qui hoc ei diceret. At ille, vobis audientibus, cum fabris se domum meam venturum esse dixit. Nimis iracunde hoc quidem et valde intemperanter. Cuius enim maleficii tanta ista poena est, ut dicere in hoc ordine auderet se publicis operis disturbaturum publice ex senatus sententia aedificatam domum? Quis autem tanto damno senatorem coegit, aut quid est ultra pignus aut multam? Quod si scisset, quam sententiam dicturus essem, remisisset aliquid profecto de severitate cogendi.

Anme censetis, patres conscripti, quod vos inviti secuti estis, decreturum fuisse, ut parentalia cum supplicationibus miscerentur, ut inexpiabiles religiones in rem publicam inducerentur, ut decernerentur supplicationes mortuo? Nihil dico, cui. Fuerit ille Brutus, qui et ipse dominatu regio rem publicam liberavit et ad similem virtutem et simile factum stirpem iam prope in quingentesimum annum propagavit; adduci tamen non possem, ut quemquam mortuum coniungerem cum deorum immortalium religione, ut, cuius sepulcrum usquam extet, ubi parentetur, ei publice supplicetur. Ego vero eam sententiam dixissem, ut me adversus populum Romanum, si qui accidisset gravior rei publicae casus, si bellum, si morbus, si fames, facile possem defendere, quae partim iam sunt, partim timeo ne impendeant. Sed hoc ignoscant di immortales velim et populo Romano, qui id non probat, et huic ordini, qui decrevit invitus.

Quid? de reliquis rei publicae malis licetne dicere? Mihi vero licet et semper licebit dignitatem tueri, mortem contemnere. Potestas modo veniendi in hunc locum sit, dicendi periculum non recuso. Atque utinam, patres conscripti, Kalendis Sextilibus adesse potuissem! non quo profici potuerit aliquid, sed ne unus modo consularis, quod tum accidit, dignus illo honore, dignus republica inveniretur. Qua quidem ex re magnum accipio dolorem, homines amplissimis populi Romani beneficiis usos L.Pisonem ducem optimae sententiae non secutos. Idcircone nos populus Romanus consules fecit, ut in altissimo gradu dignitatis locati rem publicam pro nihilo haberemus? Non modo voce nemo L. Pisoni consularis, sed ne vultu quidem assensus est. Quae, malum!, est ista voluntaria servitus?

Fuerit quaedam necessaria; neque ego hoc ab omnibus iis

8

desidero, qui sententiam consulari loco dicunt. Alia causa est eorum, quorum silentio ignosco, alia eorum, quorum vocem requiro; quos quidem doleo in suspicionem populo Romano venire non modo metu, quod ipsum esset turpe, sed alium alia de causa deesse dignitati suae. Quare primum maximas gratias et ago et habeo Pisoni, qui, non quid efficere posset in re publica, cogitavit, sed quid facere ipse deberet. Deinde a vobis, patres conscripti, peto, ut, etiamsi sequi minus audebitis rationem atque auctoritatem meam, benigne me tamen, ut adhuc fecistis, audiatis.

Primum igitur acta Caesaris servanda censeo, non quo probem (quis enim id quidem potest?), sed quia rationem habendam maxime arbitror pacis atque otii. Vellem adesset M. Antonius, modo sine advocatis (sed, ut opinor, licet ei minus valere, quod mihi heri per illum non licuit); doceret me vel potius vos, patres conscripti, quem ad modum ipse Caesaris acta defenderet. An in commentariolis et chirographis et libellis se uno auctore prolatis, ac ne prolatis quidem, sed tantum modo dictis, acta Caesaris firma erunt; quae ille in aes incidit, in quo populi iussa perpetuasque leges esse voluit, pro nihilo habebuntur?

Equidem existimo nihil tam esse in actis Caesaris quam leges Caesaris. An, si cui quid ille promisit, id erit fixum, quod idem facere non potuit? ut multis multa promissa non fecit; quae tamen multo plura illo mortuo reperta sunt quam a vivo beneficia per omnis annos tributa et data. Sed ea non muto, non moveo; summo studio illius praeclara acta defendo. Pecunia utinam ad Opis maneret! cruenta illa quidem, sed his temporibus, quoniam iis, quorum est, non redditur, necessaria.

Quamquam ea quoque effusa, si ita in actis fuit. Ecquid est, quod tam proprie dici possit actum eius, qui togatus in re publica cum potestate imperioque versatus sit, quam lex? Quaere acta Gracchi; leges Semproniae proferentur. Quaere Sullae; Corneliae. Quid? Pompei tertius consulatus in quibus actis constitit? Nempe in legibus. De Caesare ipso si quaereres, quidnam egisset in urbe et in toga, leges multas responderet se et praeclaras tulisse, chirographa vero aut mutaret aut non daret, aut, si dedisset, non istas res in actis suis duceret. Sed haec ipsa concedo; quibusdam etiam in rebus coniveo; in maximis vero rebus, id est in legibus, acta Caesaris dissolvi ferendum non puto.

Quae lex melior, utilior, optima etiam re publica saepius flagitata, quam ne praetoriae provinciae plus quam annum neve plus quam biennium consulares obtinerentur? Hac lege sublata videnturne vobis posse Caesaris acta servari? Quid? lege, quae promulgata est de tertia decuria, nonne omnes iudiciariae leges Caesaris dissolvuntur? Et vos acta Caesaris defenditis, qui leges eius evertitis? Nisi forte, si quid memoriae causa rettulit in libellum, id numerabitur in actis et, quamvis iniquum et inutile sit, defendetur; quod ad populum centuria tis comitiis tulit, id in actis Caesaris non habebitur.

At quae est ista tertia decuria? 'Centurionum' inquit. Quid? isti ordini iudicatus lege Iulia, etiam ante Pompeia, Aurelia, non patebat? 'Census praefiniebatur', inquit. Non centurioni quidem solum, sed equiti etiam Romano; itaque viri fortissimi atque honestissimi, qui ordines duxerunt, res et iudicant et iudicaverunt. 'Non quaero' inquit, 'istos. Quicumque ordinem duxit, iudicet'. At si ferretis, quicumque equo meruisset, quod est lautius, nemini probaretis; in iudice enim spectari et fortuna debet et dignitas. 'Non quaero', inquit, 'ista; addo etiam iudices manipularis ex legione Alaudarum. Aliter enim nostri negant posse se salvos esse.' O contumeliosum honorem iis, quos ad iudicandum nec opinantis vocatis! Hic enim est legis index, ut ii res in tertia decuria iudicent, qui libere iudicare non audeant. In quo quantus error est, di immortales, eorum, qui istam legem excogitaverunt! Ut enim quisque sordidissimus videbitur, ita libentissime severitate iudicandi sordes suas eluet laborabitque, ut honestis decuriis potius dignus videatur quam in turpem iure coniectus.

Altera promulgata lex est, ut et de vi et maiestatis damnati ad populum provocent, si velint. Haec utrum tandem lex est an legum omnium dissolutio? Quis est enim hodie, cuius intersit istam legem manere? Nemo reus est legibus illis, nemo, quem futurum putemus. Armis enim gesta numquam profecto in iudicium vocabuntur. 'At res popularis.' Utinam quidem aliquid velletis esse populare! Omnes enim iam cives de rei publicae salute una et mente et voce consentiunt. Quae est igitur ista cupiditas legis eius ferendae, quae turpitudinem summam habeat, gratiam nullam? Quid enim turpius quam, qui maiestatem populi Romani minuerit per vim, eum damnatum iudicio ad eam ipsam vim reverti, propter quam sit iure damnatus?

Sed quid plura de lege disputo? Quasi vero id agatur, ut quisquam provocet; id agitur, id fertur, ne quis omnino umquam istis legibus reus fiat. Quis enim aut accusator tam amens reperietur, qui reo condemnato obicere se multitudini conductae velit, aut iudex, qui reum damnare audeat, ut ipse ad operas mercennarias statim protrahatur? Non igitur provocatio ista lege datur, sed duae maxime salutares leges quaestionesque tolluntur. Quid est aliud hortari adulescentes, ut turbulenti, ut sediotiosi, ut perniciosi cives velint esse? Quam autem ad pestem furor tribunicius impelli non poterit, his duabus quaestionibus de vi et maiestatis sublatis?

Quid, quod obrogatur legibus Caesaris, quae iubent ei, qui de vi, itemque ei, qui maiestatis damnatus sit, aqua et igni interdici? quibus cum provocatio datur, nonne acta Caesaris rescinduntur? Quae quidem ego, patres conscripti, qui illa numquam probavi, tamen ita conservanda concordiae causa arbitratus sum, ut non modo, quas vivus leges Caesar tulisset, infirmandas hoc tempore non puterem, sed ne illas quidem, quas post mortem Caesaris prolatas esse et fixas videtis.

De exsilio reducti multi a mortuo, civitas data non solum singulis, sed nationibus et provinciis universis a mortuo, immunitatibus infinitis sublata vectigalia a mortuo. Ergo haec uno, verum optimo auctore, domo prolata defendimus; eas leges, quas ipse nobis inspectantibus recitavit, pronuntiavit, tulit, quibus latis gloriabatur iisque legibus rem publicam contineri putabat, de provinciis, de iudiciis, eas, inquam, Caesaris leges nos, qui defendimus acta Caesaris, evertendas putamus? Ac de his tamen legibus, quae promulgatae sunt, saltem queri possumus; de iis, quae iam latae dicuntur, ne illud quidem licuit.

Illae enim sine ulla promulgatione latae sunt ante quam scriptae. Quaero autem. quid sit, cur aut ego aut quisquam vestrum, patres conscripti, bonis tribunis plebi leges malas metuat. Paratos habemus, qui intercedant, paratos, qui rem publicam religione defendant; vacui metu esse debemus. 'Quas tu mihi,' inquit, 'intercessiones? quas religiones?' Eas scilicet, quibus rei publicae salus continetur. 'Negligimus ista et nimis antiqua ac stulta ducimus; forum saepietur, omnes claudentur aditus, armati in praesidiis multis locis collocabuntur.'

Quid tum? quod ita erit gestum, id lex erit? et in aes incidi iubebitis, credo illa legitima: CONSULES POPULUM IURE ROGAVERUNT (hocine a maioribus accepimus ius rogandi?) POPULUSQUE IURE SCIVIT. Qui populus? isne, qui exclusus est? Quo iure? an eo, quod vi et armis omne sublatum est? Atque dico de futuris, quod est amicorum ante dicere ea, quae vitari possint; quae si facta non erunt, refelletur oratio mea. Loquor de legibus promulgatis, de quibus est integrum vobis; demonstro vitia; tollite:

denuntio vim, arma; removete.

Irasci quidem vos mihi, Dolabella, pro re publica dicenti non oportebit. Quamquam te quidem id facturum non arbitror (novi facilitatem tuam); collegam tuum aiunt in hac sua fortuna, quae bona ipsi videtur, (mihi, ne gravius quidpiam dicam, avorum et avunculi sui consulatum si imitaretur, fortunatior videretur)—sed eum iracundum audio esse factum. Video autem, quam sit odiosum habere eundem iratum et armatum, cum tanta praesertim gladiorum sit impunitas. Sed proponam ius, ut opinor, aequum; quod M. Antonium non arbitror repudiaturum. Ego, si quid in vitam eius aut in mores cum contumelia dixero, quo minus mihi inimicissimus sit, non recusabo; sin consuetudinem meam quam in re publica semper habui tenuero, id est si libere, quae sentiam de re publica, dixero, primum deprecor, ne irascatur; deinde, si hoc non impetro, peto, ut sic irascatur ut civi. Armis utatur, si ita necesse est, ut dicit, sui defendendi causa; iis, qui pro re publica, quae ipsis visa erunt, dixerint, ista arma ne noceant. Quid hac postulatione dici potest aequius?

Quodsi, ut mihi a quibusdam eius familiaribus dictum est, omnis eum, quae habetur contra voluntatem eius, oratio graviter offendit, etiamsi nulla inest contumelia, feremus amici naturam. Sed idem illi ita mecum loquuntur: 'Non idem tibi, adversario Caesaris, licebit quod Pisoni socero,' et simul admonent quiddam, quod cavebimus: 'Nec erit iustior in senatum non veniendi morbi causa quam mortis'.

Sed per deos immortales!—te enim intuens, Dolabella, qui es mihi carissimus, non possum utriusque vestrum errorem reticere. Credo enim vos nobiles homines, magna quaedam spectantes, non pecuniam, ut quidam nimis creduli suspicantur, quae semper ab amplissimo quoque clarissimoque contempta est, non opes violentas et populo Romano minime ferendam potentiam, sed caritatem civium et gloriam concupivisse. Est autem gloria laus recte factorum magnorumque in rem publicam meritorum, quae cum optimi cuiusque, tum etiam multitudinis testimonio comprobatur.

Dicerem, Dolabella, qui recte factorum fructus esset, nisi te praeter ceteros paulisper esse expertum viderem. Quem potes recordari in vita illuxisse tibi diem laetiorem, quam cum, expiato foro, dissipato concursu impiorum, principibus sceleris poena affectis, urbe incendio et caedis metu liberata, te domum recepisti? Cuius ordinis, cuius generis, cuius denique fortunae studia tum laudi et gratulationi tuae se non obtulerunt? Quin mihi etiam, quo auctore te in his rebus uti arbitrabantur, et gratias boni viri agebant et tuo nomine gratulabantur. Recordare, quaeso, Dolabella, consensum illum theatri, cum omnes earum rerum obliti, propter quas fuerant tibi offensi, significarent se beneficio novo memoriam veteris doloris abiecisse.

Hanc tu, P. Dolabella, (magno loquor cum dolore) hanc tu, inquam, potuisti aequo animo tantam dignitatem deponere? Tu autem, M. Antoni, (absentem enim appello) unum illum diem, quo in aede Telluris senatus fuit, non omnibus his mensibus, quibus te quidam, multum a me dissentientes, beatum putant, anteponis? Quae fuit oratio de concordia! quanto metu senatus, quanta sollicitudine civitas tum a te liberata est, cum collegam tuum, depositis inimicitiis, oblitus auspiciorum a te ipso augure populi Romani nuntiatorum, illo primum die collegam tibi esse voluisti, tuus parvus filius in Capitolium a te missus pacis obses fuit!

Quo senatus die laetior, quo populus Romanus? qui quidem nulla in contione umquam frequentior fuit. Tum denique liberati per viros fortissimos videbamur, quia, ut illi voluerant, libertatem pax consequebatur. Proximo, altero, tertio, denique reliquis consecutis diebus, non intermittebas quasi donum aliquod cotidie afferre rei publicae, maximum autem illud, quod dictaturae nomen sustulisti. Haec inusta est a te, a te, inquam, mortuo Caesari nota ad ignominiam sempiternam. Ut enim propter unius M. Manli scelus decreto gentis Manliae neminem patricium Manlium Marcum vocari licet, sic tu propter unius dictatoris odium nomen dictatoris funditus sustulisti.

Num te, cum haec pro salute rei publicae tanta gessisses, fortunae tuae, num amplitudinis, num claritatis, num gloriae paenitebat? Unde igitur subito tanta ista mutatio? Non possum adduci, ut suspicer te pecunia captum. Licet, quod cuique libet, loquatur, credere non est necesse. Nihil enim umquam in te sordidum, nihil humile cognovi. Quamquam solent domestici depravare non numquam; sed novi firmatatem tuam. Atque utinam ut culpam, sic etiam suspicionem vitare potuisses! Illud magis vereor, ne, ignorans verum iter gloriae, gloriosum putes plus te unum posse quam omnes et metui a civibus tuis quam diligi malis. Quod si ita putas, totam ignoras viam gloriae. Carum esse civem, bene de re publica mereri, laudari, coli, diligi gloriosum est; metui vero et in odio esse invidiosum, detestabile, imbecillum, caducum.

Quod videmus etiam in fabula illi ipsi, qui 'Oderint, dum

metuant' dixerit, perniciosum fuisse. Utinam, M. Antoni, avum tuum meminisses! de quo tamen audisti multa ex me, eaque saepissime. Putasne illum immortalitatem mereri voluisse, ut propter armorum habendorum licentiam metueretur? Illa erat vita, illa secunda fortuna, libertate esse parem ceteris, principem dignitate. Itaque, ut omittam res avi tui prosperas, acerbissimum eius supremum diem malim quam L. Cinnae dominatum, a quo ille crudelissime est interfectus.

Sed quid oratione te flectam? Si enim exitus C. Caesaris efficere non potest, ut malis carus esse quam metui, nihil cuiusquam proficiet nec valebit oratio. Quem qui beatum fuisse putant, miseri ipsi sunt. Beatus est nemo, qui ea lege vivit, ut non modo impune, sed etiam cum summa interfectoris gloria interfici possit. Quare flecte te, quaeso, et maiores tuos respice atque ita guberna rem publicam, ut natum esse te cives tui gaudeant, sine quo nec beatus nec clarus nec tutus quisquam esse omnino potest.

Populi quidem Romani iudicia multa ambo habetis; quibus vos non satis moveri permoleste fero. Quid enim gladiatoribus clamores innumerabilium civium? quid populi versus? quid Pompei statuae plausus infiniti? quid duobus tribunis pl., qui vobis adversantur? parumne haec significant incredibiliter consentientem populi Romani universi voluntatem? Quid? Apollinarium ludorum plausus vel testimonia potius et iudicia populi Romani parum magna vobis videbantur? O beatos illos, qui, cum adesse ipsis propter vim armorum non licebat, aderant tamen et in medullis populi Romani ac visceribus haerebant! Nisi forte Accio tum plaudi et sexagesimo post anno palmam dari, non Bruto putabatis, qui ludis suis ita caruit, ut in illo apparatissimo spectaculo studium populus Romanus tribueret absenti, desiderium liberatoris sui perpetuo plausu et clamore leniret.

Equidem is sum, qui istos plausus, cum popularibus civibus tribuerentur, semper contempserim; idemque, cum a summis, mediis, infimis, cum denique ab universis hoc idem fit, cumque ii, qui ante sequi populi consensum solebant, fugiunt, non plausum illum, sed iudicium puto. Sin haec leviora vobis videntur, quae sunt gravissima, num etiam hoc contemnitis, quod sensistis, tam caram populo Romano vitam A. Hirti fuisse? Satis erat enim probatum illum esse populo Romano, ut est; iucundum amicis, in quo vincit omnis; carum suis, quibus est ipse carissimus; tantam tamen sollicitudinem bonorum, tantum timorem omnium in quo meminimus? Certe in nullo.

Quid igitur? hoc vos, per deos immortales! quale sit, non interpretamini? Quid? eos de vestra vita cogitare non censetis, quibus eorum, quos sperant rei publicae consulturos, vita tam cara sit? Cepi fructum, patres conscripti, reversionis meae, quoniam et ea dixi, ut, quicumque casus consecutus esset, exstaret constantiae meae testimonium, et sum a vobis benigne ac diligenter auditus. Quae potestas si mihi saepius sine meo vestroque periculo fiet, utar; si minus, quantum potero, non tam mihi me quam rei publicae reservabo. Mihi fere satis est, quod vixi, vel ad aetatem vel ad gloriam; huc si quid accesserit, non tam mihi quam vobis reique publicae accesserit.

PHILIPPICA SECVNDA

Quonam meo fato, patres conscripti, fieri dicam, ut nemo his annis viginti rei publicae fuerit hostis, qui non bellum eodem tempore mihi quoque indixerit? Nec vero necesse est quemquam a me nominari; vobiscum ipsi recordamini. Mihi poenarum illi plus, quam optaram, dederunt: te miror, Antoni, quorum facta imitere, eorum exitus non perhorrescere. Atque hoc in aliis minus mirabar. Nemo enim illorum inimicus mihi fuit voluntarius, omnes a me rei publicae causa lacessiti. Tu ne verbo quidem violatus, ut audacior quam Catilina, furiosior quam Clodius viderere, ultro me maledictis lacessisti, tuamque a me alienationem commendationem tibi ad impios civis fore putavisti.

Quid putem? contemptumne me? Non video, nec in vita nec in gratia nec in rebus gestis nec in hac mea mediocritate ingeni quid despicere possit Antonius. An in senatu facillime de me detrahi posse credidit? qui ordo clarissimis civibus bene gestae rei publicae testimonium multis, mihi uni conservatae dedit. An decertare mecum voluit contentione dicendi? Hoc quidem est beneficium. Quid enim plenius, quid uberius quam mihi et pro me et contra Antonium dicere? Illud profecto est: non existimavit sui similibus probari posse se esse hostem patriae, nisi mihi esset inimicus.

Cui priusquam de ceteris rebus respondeo, de amicitia quam a me violatam esse criminatus est, quod ego gravissimum crimen iudico, pauca dicam. Contra rem suam me nescio quando venisse questus est. An ego non venirem contra alienum pro familiari et necessario, non venirem contra gratiam non virtutis spe, sed aetatis flore collectam, non venirem contra iniuriam quam iste intercessoris iniquissimi beneficio optinuit, non iure pretorio? Sed hoc idcirco commemoratum a te puto, ut te infimo ordini commendares, cum omnes te recordarentur libertini generum et liberos tuos nepotes Q. Fadi, libertini hominis fuisse. At enim te in disciplinam meam tradideras (nam ita dixisti), domum meam ventitaras. Ne tu, si id fecisses, melius famae, melius pudicitiae tuae consuluisses. Sed neque fecisti nec, si cuperes, tibi id per C.

Curionem facere licuisset.

Auguratus petitionem mihi te concessisse dixisti. O incredibilem audaciam, o inpudentiam praedicandam! Quo enim tempore me augurem a toto collegio expetitum Cn. Pompeius et Q. Hortensius nominaverunt (nec enim licebat a pluribus nominari), tu nec solvendo eras nec te ullo modo nisi eversa re publica fore incolumem putabas. Poteras autem eo tempore auguratum petere, cum in Italia Curio non esset, aut tum, cum es factus, unam tribum sine Curione ferre potuisses? cuius etiam familiares de vi condemnati sunt, quod tui nimis studiosi fuissent.

At beneficio sum tuo usus. Quo? Quamquam illud ipsum, quod commemoras, semper prae me tuli; malui me tibi debere confiteri quam cuiquam minus prudenti non satis gratus videri. Sed quo beneficio? quod me Brundisi non occideris? Quem ipse victor, qui tibi, ut tute gloriari solebas, detulerat ex latronibus suis principatum, salvum esse voluisset, in Italiam ire iussisset, eum tu occideres? Fac potuisse. Quod est aliud, patres conscripti, beneficium latronum, nisi ut commemorare possint iis se dedisse vitam, quibus non ademerint? Quod si esset beneficium, numquam, qui illum interfecerunt, a quo erant conservati, quos tu clarissimos viros soles appellare, tantam essent gloriam consecuti. Quale autem beneficium est, quod te abstinueris nefario scelere? Qua in re non tam iucundum mihi videri debuit non interfectum me a te quam miserum te id impune facere potuisse.

Sed sit beneficium, quandoquidem maius accipi a latrone nullum potuit; in quo potes me dicere ingratum? An de interitu rei publicae queri non debui, ne in te ingratus viderer? At in illa querella misera quidem et luctuosa, sed mihi pro hoc gradu, in quo me senatus populusque Romanus collocavit, necessaria quid est dictum a me cum contumelia, quid non moderate, quid non amice? Quod quidem cuius temperantiae fuit, de M. Antonio querentem abstinere maledictis! praesertim cum tu reliquias rei publicae dissipavisses, cum domi tuae turpissimo mercatu omnia essent venalia, cum leges eas, quae numquam promulgatae essent, et de te et a te latas confiterere, cum auspicia augur, intercessionem consul sustulisses, cum esse foedissime stipatus armatis, cum omnis impuritates inpudica in domo cotidie susciperes vino lustrisque confectus.

At ego, tamquam mihi cum M. Crasso contentio esset, quocum multae et magnae fuerunt, non cum uno gladiatore nequissimo, de re publica graviter querens de homine nihil dixi. Itaque hodie perficiam, ut intellegat, quantum a me beneficium tum acceperit. At etiam litteras, quas me sibi misisse diceret, recitavit homo et humanitatis expers et vitae communis ignarus. Quis enim umquam, qui paulum modo bonorum consuetudinem nosset, litteras ad se ab amico missas offensione aliqua interposita in medium protulit palamque recitavit? Quid est aliud tollere ex vita vitae societatem, tollere amicorum conloquia absentium? Quam multa ioca solent esse in epistulis, quae prolata si sint, inepta videantur, quam multa seria neque tamen ullo modo divulganda!

Sit hoc inhumanitatis tuae; stultitiam incredibilem videte. Quid habes quod mihi opponas, homo diserte, ut Mustelae et Tironi Numisio videris? Qui cum hoc ipso tempore stent cum gladiis in conspectu senatus, ego quoque te disertum putabo, si ostenderis, quo modo sis eos inter sicarios defensurus. Sed quid opponas tandem, si negem me umquam ad te istas litteras misisse, quo me teste convincas? An chirographo? in quo habes scientiam quaestuosam. Qui possis? sunt enim librarii manu. Iam invideo magistro tuo, qui te tanta mercede, quantam iam proferam, nihil sapere doceat.

Quid enim est minus non dico oratoris, sed hominis quam id obicere adversario, quod ille si verbo negarit, longius progredi non possit, qui obiecerit? At ego non nego teque in isto ipso convinco non inhumanitatis solum, sed etiam amentiae. Quod enim verbum in istis litteris est non plenum humanitatis, officii, benivolentiae? Omne autem crimen tuum est, quod de te in his litteris non male existimem, quod scribam tamquam ad civem, tamquam ad bonum virum, non tamquam ad sceleratum et latronem. At ego tuas litteras, etsi iure poteram a te lacessitus, tamen non proferam; quibus petis, ut tibi per me liceat quendam de exilio reducere, adiurasque id te invito me non esse facturum. Idque a me impetrasti. Quid enim me interponerem audaciae tuae, quam neque auctoritas huius ordinis neque existimatio populi Romani neque leges ullae possent coercere?

Verum tamen quid erat, quod me rogares, si erat is, de quo rogabas, Caesaris lege reductus? Sed videlicet meam gratiam voluit esse, in quo ne ipsius quidem ulla esse poterat lege lata. Sed cum mihi, patres conscripti, et pro me aliquid et in M. Antonium multa dicenda sint, alterum peto a vobis, ut me pro me dicentem benigne, alterum ipse efficiam, ut, contra illum cum dicam, attente audiatis. Simul illud oro: si meam cum in omni vita, tum in dicendo moderationem modestiamque cognostis, ne me hodie, cum isti, ut provocavit, respondero, oblitum esse putetis mei. Non tractabo ut consulem; ne ille quidem me ut consularem. Etsi ille nullo modo consul, vel quod ita vivit vel quod ita rem publicam gerit vel quod ita factus est; ego sine ulla controversia consularis.

Ut igitur intellegeretis, qualem ipse se consulem profiteretur, obiecit mihi consulatum meum. Qui consulatus verbo meus, patres conscripti, re vester fuit. Quid enim ego constitui, quid gessi, quid egi nisi ex huius ordinis consilio, auctoritate, sententia? Haec tu homo sapiens, non solum eloquens, apud eos quorum consilio sapientiaque gesta sunt, ausus es vituperare? Quis autem, meum consulatum praeter te Publiumque Clodium qui vituperaret, inventus est? cuius quidem tibi fatum sicut C. Curioni manet, quoniam id domi tuae est, quod fuit illorum utrique fatale.

Non placet M. Antonio consulatus meus. At placuit P. Servilio, ut eum primum nominem ex illius temporis consularibus, qui proxime est mortuus, placuit Q. Catulo, cuius semper in hac re publica vivet auctoritas; placuit duobus Lucullis, M. Crasso, Q. Hortensio, C. Curioni, C. Pisoni, M. Glabrioni, M. Lepido, L. Volcatio, C. Figulo, D. Silano, L. Murenae, qui tum erant consules designati, placuit idem quod consularibus M. Catoni; qui cum multa vita excedens providit, tum quod te consulem non vidit. Maxime vero consulatum meum Cn. Pompeius probavit, qui ut me primum decedens ex Syria vidit, complexus et gratulans meo beneficio patriam se visurum esse dixit. Sed quid singulos commemoro? Frequentissimo senatui sic placuit ut esset nemo qui mihi non ut parenti gratias ageret, qui mihi non vitam suam, fortunas, liberos, rem publicam referret acceptam.

Sed quoniam illis, quos nominavi, tot et talibus viris res publica orbata est, veniamus ad vivos, qui duo de consularium numero reliqui sunt. L. Cotta, vir summo ingenio summaque prudentia, rebus iis gestis, quas tu reprehendis, supplicationem decrevit verbis amplissimis, eique illi ipsi, quos modo nominavi, consulares senatusque cunctus adsensus est, qui honos post conditam hanc urbem habitus est togato ante me nemini.

L. Caesar, avunculus tuus, qua oratione, qua constantia, qua gravitate sententiam dixit in sororis suae virum, vitricum tuum! Hunc tu cum auctorem et praeceptorem omnium consiliorum totiusque vitae debuisses habere, vitrici te similem quam avunculi maluisti. Huius ego alienus consiliis consul usus sum, tu sororis filius ecquid ad eum umquam de re publica rettulisti? At ad quos refert? di immortales! Ad eos scilicet, quorum nobis etiam dies natales audiendi sunt.

Hodie non descendit Antonius. Cur? Dat nataliciam in hortis. Cui? Neminem nominabo; putate tum Phormioni alicui, tum Gnathoni, tum etiam Ballioni. O foeditatem hominis flagitiosam, o impudentiam, nequitiam, libidinem non ferendam! Tu cum principem senatorem, civem singularem tam propinquum habeas, ad eum de re publica nihil referas, referas ad eos qui suam rem nullam habent, tuam exhauriunt? Tuus videlicet salutaris consulatus, perniciosus meus. Adeone pudorem cum pudicitia perdidisti, ut hoc in eo templo dicere ausus sis, in quo ego senatum illum qui quondam florens orbi terrarum praesidebat, consulebam, tu homines perditissimos cum gladiis conlocavisti?

At etiam ausus es (quid autem est, quod tu non audeas?) clivum Capitolinum dicere me consule plenum servorum armatorum fuisse. Ut illa, credo, nefaria senatus consulta fierent, vim adferebam senatui. O miser, sive illa tibi nota non sunt (nihil enim boni nosti) sive sunt, qui apud talis viros tam impudenter loquare! Quis enim eques Romanus, quis praeter te adulescens nobilis, quis ullius ordinis, qui se civem esse meminisset, cum senatus in hoc templo esset, in clivo Capitolino non fuit, quis nomen non dedit? quamquam nec scribae sufficere nec tabulae nomina illorum capere potuerunt.

Etenim, cum homines nefarii de patriae parricidio confiterentur consciorum indiciis, sua manu, voce paene litterarum coacti se urbem inflammare, cives trucidare, vastare Italiam, delere rem publicam consensisse, quis esset, qui ad salutem communem defendendam non excitaretur, praesertim cum senatus populusque Romanus haberet ducem, qualis si qui nunc esset, tibi idem, quod illis accidit, contigisset? Ad sepulturam corpus vitrici sui negat a me datum. Hoc vero ne P. quidem Clodius dixit umquam; quem, quia iure ei inimicus fui, doleo a te omnibus vitiis iam esse superatum.

Qui autem tibi venit in mentem redigere in memoriam nostram te domi P. Lentuli esse educatum? An verebare, ne non putaremus natura te potuisse tam improbum evadere, nisi accessisset etiam disciplina? Tam autem erat excors, ut tota in oratione tua tecum ipse pugnares, non modo non cohaerentia inter se diceres, sed maxime disiuncta atque contraria, ut non tanta mecum quanta tibi tecum esset contentio. Vitricum tuum fuisse in tanto scelere fatebare, poena adfectum querebare. Ita, quod proprie meum est, laudasti, quod totum est senatus, reprehendisti. Nam comprehensio sontium mea, animadversio senatus fuit. Homo disertus non intellegit eum, quem contra dicit, laudari a se, eos, apud quos dicit, vituperari.

Iam illud cuius est non dico audaciae (cupit enim se audacem), sed, quod minime vult, stultitiae, qua vincit omnis, clivi Capitolini mentionem facere, cum inter subsellia nostra versentur armati, cum in hac cella Concordiae, di immortales! in qua me consule salutares sententiae dictae sunt, quibus ad hanc diem viximus, cum gladiis homines conlocati stent? Accusa senatum, accusa equestrem ordinem, qui tum cum senatus copulatus fuit, accusa omnis ordines, omnis civis, dum confiteare hunc ordinem hoc ipso tempore ab Ityraeis circumsederi. Haec tu non propter audaciam dicis tam impudenter, sed, qui tantam rerum repugnantiam non videas, nihil profecto sapis. Quid est enim dementius quam, cum rei publicae perniciosa arma ipse ceperis, obicere alteri salutaria?

At etiam quodam loco facetus esse voluisti. Quam id te, di boni, non decebat! In quo est tua culpa non nulla. Aliquid enim salis a mima uxore trahere potuisti. 'Cedant arma togae'. Quid? tum nonne cesserunt? At postea tuis armis cessit toga. Quaeramus igitur, utrum melius fuerit, libertati populi Romani sceleratorum arma an libertatem nostram armis tuis cedere. Nec vero tibi de versibus plura respondebo; tantum dicam breviter, te neque illos neque ullas omnino litteras nosse, me nec rei publicae nec amicis umquam defuisse et tamen omni genere monimentorum meorum perfecisse, ut meae vigiliae meaeque litterae et iuventuti utilitatis et nomini Romano laudis aliquid adferrent. Sed haec non huius temporis; maiora videamus.

P. Clodium meo consilio interfectum esse dixisti. Quidnam homines putarent, si tum occisus esset, cum tu illum in foro spectante populo Romano gladio insecutus es negotiumque transegisses, nisi se ille in scalas tabernae librariae coniecisset iisque oppilatis impetum tuum compressisset? Quod quidem ego favisse me tibi fateor, suasisse ne tu quidem dicis. At Miloni ne favere quidem potui; prius enim rem transegit quam quisquam eum facturum id suspicaretur. At ego suasi. Scilicet is animus erat Milonis, ut prodesse rei publicae sine suasore non posset. At laetatus sum. Quid ergo? in tanta laetitia cunctae civitatis me unum tristem esse oportebat?

Quamquam de morte Clodi fuit quaestio non satis prudenter illa quidem constituta (quid enim attinebat nova lege quaeri de eo, qui hominem occidisset, cum esset legibus quaestio constituta?), quaesitum est tamen. Quod igitur, cum re agebatur, nemo in me dixit, id tot annis post tu es inventus qui diceres?

Quod vero dicere ausus es, idque multis verbis, opera mea Pompeium a Caesaris amicitia esse diiunctum ob eamque causam culpa mea bellum civile esse natum, in eo non tu quidem tota re, sed, quod maximum est, temporibus errasti. Ego M. Bibulo, praestantissimo cive, consule, nihil praetermisi, quantum facere enitique potui, quin Pompeium a Caesaris coniunctione avocarem. In quo Caesar felicior fuit. Ipse enim Pompeium a mea familiaritate diiunxit. Postea vero quam se totum Pompeius Caesari tradidit, quid ego illum ab eo distrahere conarer? Stulti erat sperare, suadere impudentis.

Duo tamen tempora inciderunt, quibus aliquid contra Caesarem Pompeio suaserim. Ea velim reprehendas, si potes, unum, ne quinquennii imperium Caesari prorogaret, alterum, ne pateretur ferri, ut absentis eius ratio haberetur. Quorum si utrumvis persuasissem, in has miserias numquam incidissemus. Atque idem ego, cum iam opes omnis et suas et populi Romani Pompeius ad Caesarem detulisset seroque ea sentire coepisset, quae multo ante provideram, inferrique patriae bellum viderem nefarium, pacis, concordiae, compositionis auctor esse non destiti, meaque illa vox est nota multis: 'Utinam, Pompei, cum Caesare societatem aut numquam coisses aut numquam diremisses! Fuit alterum gravitatis, alterum prudentiae tuae. ' Haec mea, M. Antoni, semper et de Pompeio et de re publica consilia fuerunt. Quae si valuissent, res publica staret, tu tuis flagitiis, egestate, infamia concidisses.

Sed haec vetera, illud vero recens, Caesarem meo consilio interfectum. Iam vereor, patres conscripti, ne, quod turpissimum est, praevaricatorem mihi adposuisse videar, qui me non solum meis laudibus ornaret, sed etiam alienis. Quis enim meum in ista societate gloriosissimi facti nomen audivit? Cuius autem, qui in eo numero fuisset, nomen est occultatum? Occultatum dico; cuius non statim divulgatum? Citius dixerim iactasse se aliquos, ut fuisse in ea societate viderentur, cum conscii non fuissent, quam ut quisquam celari vellet, qui fuisset.

Quam veri simile porro est in tot hominibus partim obscuris, partim adulescentibus neminem occultantibus meum nomen latere potuisse? Etenim, si auctores ad liberandam patriam desiderarentur illis actoribus, Brutos ego impellerem, quorum uterque L. Bruti imaginem cotidie videret, alter etiam Ahalae? Hi igitur his maioribus ab alienis potius consilium peterent quam a suis et foris potius quam domo? Quid? C. Cassius in ea familia natus quae non modo dominatum, sed ne potentiam quidem cuiusquam ferre potuit, me auctorem, credo, desideravit; qui etiam sine his clarissimis viris hanc rem in Cilicia ad ostium fluminis Cydni confecisset, si ille ad eam ripam, quam constituerat, non ad contrariam navis appulisset.

Cn. Domitium non patris interitus, clarissimi viri, non avunculi mors, non spoliatio dignitatis ad reciperandam libertatem, sed mea auctoritas excitavit? An C. Trebonio ego persuasi? cui ne suadere quidem ausus essem. Quo etiam maiorem ei res publica gratiam debet, qui libertatem populi Romani unius amicitiae praeposuit depulsorque dominatus quam particeps esse maluit. An L. Tillius Cimber me est auctorem secutus? quem ego magis fecisse illam rem sum admiratus, quam facturum putavi, admiratus autem ob eam causam, quod immemor beneficiorum, memor patriae fuisset. Quid? duos Servilios—Cascas dicam an Ahalas? et hos auctoritate mea censes excitatos potius quam caritate rei publicae? Longum est persequi ceteros, idque rei publicae praeclarum, fuisse tam multos, ipsis gloriosum.

At quem ad modum me coarguerit homo acutus, recordamini. 'Caesare interfecto', inquit, 'statim cruentum alte extollens Brutus pugionem Ciceronem nominatim exclamavit atque ei recuperatam libertatem est gratulatus'. Cur mihi potissimum? quia sciebam? Vide, ne illa causa fuerit adpellandi mei, quod, cum rem gessisset consimilem rebus iis, quas ipse gesseram, me potissimum testatus est se aemulum mearum laudium extitisse.

Tu autem, omnium stultissime, non intellegis, si, id quod me arguis, voluisse interfici Caesarem crimen sit, etiam laetatum esse morte Caesaris crimen esse? Quid enim interest inter suasorem facti et probatorem? aut quid refert, utrum voluerim fieri an gaudeam factum? Ecquis est igitur exceptis iis, qui illum regnare gaudebant, qui illud aut fieri noluerit aut factum improbarit? Omnes ergo in culpa. Etenim omnes boni, quantum in ipsis fuit, Caesarem occiderunt; aliis consilium, aliis animus, aliis occasio defuit, voluntas nemini.

Sed stuporem hominis vel dicam pecudis attendite. Sic enim dixit: 'Brutus, quem ego honoris causa nomino, cruentum pugionem tenens Ciceronem exclamavit; ex quo intellegi debet eum conscium fuisse. ' Ergo ego sceleratus appellor a te, quem tu suspicatum aliquid suspicaris; ille, qui stillantem prae se pugionem tulit, is a te honoris causa nominatur? Esto, sit in verbis tuis hic stupor; quanto in rebus sententiisque maior! Constitue hoc, consul, aliquando, Brutorum, C. Cassi, Cn. Domiti, C. Treboni, reliquorum quam velis esse causam; edormi crapulam, inquam, et exhala. An faces admovendae sunt, quae te excitent tantae causae indormientem? Numquamne intelleges statuendum tibi esse, utrum illi, qui istam rem gesserunt, homicidae sint an vindices libertatis?

Attende enim paulisper cogitationemque sobrii hominis punctum temporis suscipe. Ego, qui sum illorum, ut ipse fateor, familiaris, ut a te arguor, socius nego quicquam esse medium; confiteor eos, nisi liberatores populi Romani conservatoresque rei publicae sint, plus quam sicarios, plus quam homicidas, plus etiam quam parricidas esse, siquidem est atrocius patriae parentem quam suum occidere. Tu, homo sapiens et considerate, quid dicis? Si parricidas, cur honoris causa a te sunt et in hoc ordine et apud populum Romanum semper appellati? Cur M. Brutus referente te legibus est solutus, si ab urbe plus quam decem dies afuisset? cur ludi Apollinares incredibili M. Bruti honore celebrati? cur provinciae Bruto, Cassio datae, cur quaestores additi, cur legatorum numerus auctus? Atqui haec acta per te. Non igitur homicidas. Sequitur, ut liberatores tuo iudicio, quandoquidem tertium nihil potest esse.

Quid est? num conturbo te? Non enim fortasse satis, quae diiunctius dicuntur, intellegis. Sed tamen haec summa est conclusionis meae, quoniam scelere a te liberati sunt, ab eodem amplissimis praemiis dignissimos iudicatos. Itaque iam retexo orationem meam. Scribam ad illos, ut, si qui forte, quod a te mihi obiectum est, quaerent sitne verum, ne cui negent. Etenim vereor, ne aut celatum me illis ipsis non honestum aut invitatum refugisse mihi sit turpissimum. Quae enim res umquam, pro sancte Iuppiter! non modo in hac urbe, sed in omnibus terris est gesta maior, quae gloriosior, quae commendatior hominum memoriae sempiternae? In huius me tu consili societatem tamquam in equum Troianum cum principibus includis;

Non recuso; ago etiam gratias, quoquo animo facis. Tanta enim res est, ut invidiam istam, quam tu in me vis concitare, cum laude non comparem. Quid enim beatius illis, quos tu expulsos a te praedicas et relegatos? qui locus est aut tam desertus aut tam inhumanus, qui illos, cum accesserint, non adfari atque adpetere videatur? qui homines tam agrestes, qui se, cum eos aspexerint, non maximum cepisse vitae fructum putent? quae vero tam immemor posteritas, quae tam ingratae litterae reperientur, quae eorum gloriam non immortalitatis memoria prosequantur? Tu vero adscribe me talem in numerum.

Sed unam rem vereor ne non probes. Si enim fuissem, non solum regem, sed etiam regnum de re publica sustilissem et, si meus stilus ille fuisset, ut dicitur, mihi crede, non solum unum actum, sed totam fabulam confecissem. Quamquam, si interfici Caesarem voluisse crimen est, vide, quaeso, Antoni, quid tibi futurum sit, quem et Narbone hoc consilium cum C. Trebonio cepisse notissimum est, et ob eius consili societatem, cum interficeretur Caesar, tum te a Trebonio vidimus sevocari. Ego autem (vide, quam tecum agam non inimice!), quod bene cogitasti aliquando, laudo, quod non indicasti, gratias ago, quod non fecisti, ignosco. Virum res illa quaerebat.

Quodsi te in iudicium quis adducat usurpetque illud Cassianum, 'cui bono' fuerit, vide, quaeso, ne haereas. Quamquam illud quidem fuit, ut tu dicebas, omnibus bono, qui servire nolebant, tibi tamen praecipue, qui non modo non servis, sed etiam regnas, qui maximo te aere alieno ad aedem Opis liberavisti, qui per easdem tabulas innumerabilem pecuniam dissipavisti, ad quem e domo Caesaris tam multa delata sunt, cuius domi quaestuosissima est falsorum commentariorum et chirographorum officina, agrorum, oppidorum, immunitatium, vectigalium flagitiosissimae nundinae.

Etenim quae res egestati et aeri alieno tuo praeter mortem Caesaris subvenire potuisset? Nescio quid conturbatus esse videris; numquid subtimes, ne ad te hoc crimen pertinere videatur? Libero te metu; nemo credet umquam; non est tuum de re publica bene mereri; habet istius pulcherrimi facti clarissimos viros res publica auctores; ego te tantum gaudere dico, fecisse non arguo. Respondi maximis criminibus; nunc etiam reliquis respondendum est.

Castra mihi Pompei atque illud omne tempus obiecisti. Quo quidem tempore si, ut dixi, meum consilium auctoritasque valuisset, tu hodie egeres, nos liberi essemus, res publica non tot duces et exercitus amisisset. Fateor enim me, cum ea, quae acciderunt, providerem futura, tanta in maestitia fuisse, quanta ceteri optimi cives, si idem providissent, fuissent. Dolebam, dolebam, patres conscripti, rem publicam vestris quondam meisque consiliis conservatam brevi tempore esse perituram. Nec vero eram tam indoctus ignarusque rerum, ut frangerer animo propter vitae cupiditatem, quae me manens conficeret angoribus, dimissa molestiis omnibus liberaret. Illos ego praestantissimos viros, lumina rei publicae, vivere volebam, tot consularis, tot praetorios, tot honestissimos senatores, omnem praeterea florem nobilitatis ac iuventutis, tum optimorum civium exercitus; qui si viverent, quamvis iniqua condicione pacis (mihi enim omnis pax cum civibus bello civili utilior videbatur) rem publicam hodie teneremus.

Quae sententia si valuisset ac non ei maxime mihi, quorum ego vitae consulebam, spe victoriae elati obstitissent, ut alia omittam, tu certe numquam in hoc ordine vel potius numquam in hac urbe mansisses. At vero Cn. Pompei voluntatem a me alienabat oratio mea. An ille quemquam plus dilexit, cum ullo aut sermones aut consilia contulit saepius? Quod quidem erat magnum, de summa re publica dissentientis in eadem consuetudine amicitiae permanere. Ego, quid ille, et contra ille, quid ego sentirem et spectarem, videbat. Ego incolumitati civium primum, ut postea dignitati possemus, ille praesenti dignitati potius consulebat. Quod autem habebat uterque, quid sequeretur, idcirco tolerabilior erat nostra dissensio.

Quid vero ille singularis vir ac paene divinus de me senserit, sciunt, qui eum de Pharsalia fuga Paphum persecuti sunt. Numquam ab eo mentio de me nisi honorifica, nisi plena amicissimi desiderii, cum me vidisse plus fateretur, se speravisse meliora. Et eius viri nomine me insectari audes, cuius me amicum, te sectorem esse fateare? Sed omittatur bellum illud, in quo tu nimium felix fuisti. Ne de iocis quidem respondebo, quibus me in castris usum esse dixisti. Erant quidem illa castra plena curae; verum tamen homines, quamvis in turbidis rebus sint, tamen, si modo homines sunt, interdum animis relaxantur.

Quod autem idem maestitiam meam reprehendit, idem iocum, magno argumento est me in utroque fuisse moderatum. Hereditates mihi negasti venire. Utinam hoc tuum verum crimen esset! plures amici mei et necessarii viverent. Sed qui istuc tibi venit in mentem? Ego enim amplius sestertium ducentiens acceptum hereditatibus rettuli. Quamquam in hoc genere fateor feliciorem esse te. Me nemo nisi amicus fecit heredem, ut cum illo commodo, si quod erat, animi quidam dolor iungeretur; te is, quem tu vidisti numquam, L. Rubrius Casinas fecit heredem.

Et quidem vide, quam te amarit is, qui albus aterne fuerit ignoras. Fratris filium praeterit, Q. Fufi, honestissimi equitis Romani suique amicissimi, quem palam heredem semper factitarat, ne nominat quidem: te, quem numquam viderat aut certe numquam salutaverat, fecit heredem. Velim mihi dicas, nisi molestum est, L. Turselius qua facie fuerit, qua statura, quo municipio, qua tribu. 'Nihil scio', inquies, 'nisi quae praedia habuerit. ' Is igitur fratrem exheredans te faciebat heredem? In multas praeterea pecunias alienissimorum hominum vi eiectis veris heredibus, tamquam heres esset, invasit.

Quamquam hoc maxime admiratus sum, mentionem te hereditatum ausum esse facere, cum ipse hereditatem patris non adisses. Haec ut colligeres, homo amentissime, tot dies in aliena villa declamasti? Quamquam tu quidem, ut tui familiarissimi dictitant, vini exhalandi, non ingenii acuendi causa declamas. At vero adhibes ioci causa magistrum suffragio tuo et compotorum tuorum rhetorem, cui concessisti, ut in te, quae vellet, diceret, salsum omnino hominem, sed materia facilis in te et in tuos dicta dicere. Vide autem, quid intersit inter te et avum tuum. Ille sensim dicebat, quod causae prodesset; tu cursim dicis aliena.

At quanta merces rhetori data est! Audite, audite, patres conscripti, et cognoscite rei publicae vulnera. Duo milia iugerum campi Leontini Sex. Clodio rhetori adsignasti, et quidem immunia, ut populi Romani tanta mercede nihil sapere disceres. Num etiam hoc, homo audacissime, ex Caesaris commentariis? Sed dicam alio loco et de Leontino agro et de Campano, quos iste agros ereptos rei publicae turpissimis possessoribus inquinavit. Iam enim, quoniam criminibus eius satis respondi, de ipso emendatore et correctore nostro quaedam dicenda sunt. Nec enim omnia effundam, ut, si saepius decertandum sit, ut erit, semper novus veniam; quam facultatem mihi multitudo istius vitiorum peccatorumque largitur.

Visne igitur te inspiciamus a puero? Sic opinor; a principio ordiamur. Tenesne memoria praetextatum te decoxisse? 'Patris', inquies, 'ista culpa est'. Concedo. Etenim est pietatis plena defensio. Illud tamen audaciae tuae, quod sedisti in quattuordecim ordinibus, cum esset lege Roscia decoctoribus certus locus constitutus, quamvis quis fortunae vitio, non suo decoxisset. Sumpsisti virilem, quam statim muliebrem togam reddidisti. Primo vulgare scortum, certa flagitii merces, nec ea parva; sed cito Curio intervenit, qui te a meretricio quaestu abduxit et, tamquam stolam dedisset, in matrimonio stabili et certo collocavit.

Nemo umquam puer emptus libidinis causa tam fuit in domini potestate quam tu in Curionis. Quotiens te pater eius domu sua eiecit, quotiens custodes posuit, ne limen intrares! cum tu tamen nocte socia, hortante libidine, cogente mercede, per tegulas demitterere. Quae flagitia domus illa diutius ferre non potuit. Scisne me de rebus mihi notissimis dicere? Recordare tempus illud, cum pater Curio maerens iacebat in lecto, filius se ad pedes meos prosternens lacrimans te mihi commendabat, orabat, ut se contra suum patrem, si sestertium sexagiens peteret, defenderem; tantum enim se pro te intercessisse dicebat. Ipse autem amore ardens confirmabat, quod desiderium tui discidii ferre non posset, se in exilium iturum.

Quo tempore ego quanta mala florentissimae familiae sedavi vel potius sustuli! Patri persuasi, ut aes alienum filii dissolveret, redimeret adulescentem summa spe et animi et ingenii praeditum rei familiaris facultatibus eumque non modo tua familiaritate, sed etiam congressione patrio iure et potestate prohiberet. Haec tu cum per me acta meminisses, nisi illis, quos videmus, gladiis confideres, maledictis me provocare ausus esses?

Sed iam stupra et flagitia omittamus: sunt quaedam, quae honeste non possum dicere; tu autem eo liberior, quod ea in te admisisti, quae a verecundo inimico audire non posses. Sed reliquum vitae cursum videte; quem quidem celeriter perstringam. Ad haec enim, quae in civili bello, in maximis rei publicae miseriis fecit, et ad ea, quae cotidie facit, festinat animus. Quae peto ut, quamquam multo notiora vobis quam mihi sunt, tamen ut facitis, attente audiatis. Debet enim talibus in rebus excitare animos non cognitio solum rerum, sed etiam recordatio; etsi incidamus, opinor, media ne nimis sero ad extrema veniamus.

Intimus erat in tribunatu Clodio, qui sua erga me beneficia commemorat; eius omnium incendiorum fax, cuius etiam domi iam tum quiddam molitus est. Quid dicam, ipse optime intellegit. Inde iter Alexandriam contra senatus auctoritatem, contra rem publicam et religiones; se habebat ducem Gabinium, quicum quidvis rectissime facere posset. Qui tum inde reditus aut qualis? Prius in ultimam Galliam ex Aegypto quam domum. Quae autem domus? Suam enim quisque domum tum optinebant, nec erat usquam tua. Domum dico; quid erat in terris, ubi in tuo pedem poneres praeter unum Misenum, quod cum sociis tamquam Sisaponem tenebas?

Venisti e Gallia ad quaesturam petendam. Aude dicere te prius ad parentem tuam venisse quam ad me. Acceperam iam ante Caesaris litteras, ut mihi satis fieri paterer a te; itaque ne loqui quidem sum te passus de gratia. Postea sum cultus a te, tu a me observatus in petitione quaesturae; quo quidem tempore P. Clodium, adprobante populo Romano in foro es conatus occidere, cumque eam rem tua sponte conarere, non impulsu meo, tamen ita praedicabas, te non existimare, nisi illum interfecisses, umquam mihi pro tuis in me iniuriis satis esse facturum. In quo demiror, cur Milonem impulsu meo rem illam egisse dicas, cum te ultro mihi idem illud deferentem numquam sim adhortatus. Quamquam, si in eo perseverares, ad tuam gloriam rem illam referri malebam quam ad meam gratiam.

Quaestor es factus; deinde continuo sine senatus consulto, sine sorte, sine lege ad Caesarem cucurristi. Id enim unum in terris egestatis, aeris alieni, nequitiae, perditis vitae rationibus, perfugium esse ducebas. Ibi te cum et illius largitionibus et tuis rapinis explevisses, si hoc est explere, haurire, quod statim effundas, advolasti egens ad tribunatum, ut in eo magistratu, si posses, viri tui similis esses. Accipite nunc, quaeso, non ea, quae ipse in se atque in domesticum dedecus impure et intemperanter, sed quae is nos fortunasque nostras, id est in universam rem publicam, impie ac nefarie fecerit. Ab huius enim scelere omnium malorum principium natum reperietis.

Nam cum L. Lentulo C. Marcello consulibus Kalendis Ianuariis labentem et prope cadentem rem publicam fulcire cuperetis ipsique C. Caesari, si sana mente esset, consulere velletis, tum iste venditum atque emancipatum tribunatum consiliis vestris opposuit cervicesque suas ei subiecit securi, qua multi minoribus in peccatis occiderunt. In te, M. Antoni, id decrevit senatus, et quidem incolumis nondum tot luminibus extinctis, quod in hostem togatum decerni est solitum more maiorum. Et tu apud patres conscriptos contra me dicere ausus es, cum ab hoc ordine ego conservator essem, tu hostis rei publicae iudicatus? Commemoratio illius tui sceleris intermissa est, non memoria deleta. Dum genus hominum, dum populi Romani nomen extabit (quod quidem erit, si per te licebit, sempiternum), tua illa pestifera intercessio nominabitur.

Quid cupide a senatu, quid temere fiebat, cum tu unus adulescens universum ordinem decernere de salute rei publicae prohibuisti, neque id semel, sed saepius, neque tu tecum de senatus auctoritate agi passus es? Quid autem agebatur, nisi ne deleri et everti rem publicam funditus velles? Cum te neque principes civitatis rogando neque maiores natu monendo neque frequens senatus agendo de vendita atque addicta sententia movere potuisset, tum illud multis rebus ante temptatis necessario tibi vulnus inflictum est, quod paucis ante te, quorum incolumis fuit nemo;

tum contra te dedit arma hic ordo consulibus reliquisque imperiis et potestatibus; quae non effugisses, nisi te ad arma Caesaris contulisses. Tu, tu, inquam, M. Antoni, princeps C. Caesari omnia perturbare cupienti causam belli contra patriam inferendi dedisti. Quid enim aliud ille dicebat, quam causam sui dementissimi consilii et facti adferebat, nisi quod intercessio neglecta, ius tribunicium sublatum, circumscriptus a senatu esset Antonius? Omitto, quam haec falsa, quam levia, praesertim cum omnino nulla causa iusta cuiquam esse possit contra patriam arma capiendi. Sed nihil de Caesare; tibi certe confitendum est causam perniciosissimi belli in persona tua constitisse.

O miserum te, si haec intellegis, miseriorem, si non intellegis hoc litteris mandari, hoc memoriae prodi, huius rei ne posteritatem quidem omnium saeculorum umquam immemorem fore, consules ex Italia expulsos cumque iis Cn. Pompeium, quod imperi populi Romani decus ac lumen fuit, omnis consulares, qui per valetudinem exequi cladem illam fugamque potuissent, praetores, praetorios, tribunos pl. , magnam partem senatus, omnem subolem iuventutis unoque verbo rem publicam expulsam atque exterminatam suis sedibus!

Ut igitur in seminibus est causa arborum et stirpium, sic huius luctuosissimi belli semen tu fuisti. Doletis tris exercitus populi Romani interfectos; interfecit Antonius. Desideratis clarissimos civis; eos quoque vobis eripuit Antonius. Auctoritas huius ordinis adflicta est; adflixit Antonius. Omnia denique, quae postea vidimus (quid autem mali non vidimus?), si recte ratiocinabimur, uni accepta referemus Antonio. Ut Helena Troianis, sic iste huic rei publicae belli causa pestis atque exitii fuit. Reliquae partes tribunatus principii similes. Omnia perfecit quae senatus salva re publica ne fieri possent providerat. Cuius tamen scelus in scelere cognoscite.

Restituebat multos calamitosos. In iis patrui nulla mentio. Si severus, cur non in omnis? si misericors, cur non in suos? Sed omitto ceteros; Licinium Denticulum de alea condemnatum, conlusorem suum, restituit; quasi vero ludere cum condemnato non liceret; sed ut, quod in alea perdiderat, beneficio legis dissolveret. Quam attulisti rationem populo Romano, cur in eum restitui oporteret? Absentem, credo, in reos relatum; rem indicta causa iudicatam; nullum fuisse de alea lege iudicium; vi oppressum et armis; postremo, quod de patruo tuo dicebatur, pecunia iudicium esse corruptum. Nihil horum. At vir bonus et re publica dignus. Nihil id quidem ad rem; ego tamen, quoniam condemnatum esse pro nihilo est, ita ignoscerem. Hominem omnium nequissimum, qui non dubitaret vel in foro alea ludere, lege, quae est de alea, condemnatum qui in integrum restituit, is non apertissime studium suum ipse profitetur?

In eodem vero tribunatu, cum Caesar in Hispaniam proficiscens huic conculcandam Italiam tradidisset, quae fuit eius peragratio itinerum, lustratio municipiorum! Scio me in rebus celebratissimis omnium sermone versari eaque, quae dico dicturusque sum, notiora esse omnibus, qui in Italia tum fuerunt, quam mihi, qui non fui; notabo tamen singulas res, etsi nullo modo poterit oratio mea satis facere vestrae scientiae. Etenim quod umquam in terris tantum flagitium exstitisse auditum est, tantam turpitudinem, tantum dedecus?

Vehebatur in essedo tribunus pl.; lictores laureati antecedebant, inter quos aperta lectica mima portabatur, quam ex oppidis municipales homines honesti ob viam necessario prodeuntes non noto illo et mimico nomine, sed Volumniam consalutabant. Sequebatur raeda cum lenonibus, comites nequissimi; reiecta mater amicam impuri filii tamquam nurum sequebatur. O miserae mulieris fecunditatem calamitosam! Horum flagitiorum iste vestigiis omnia municipia, praefecturas, colonias, totam denique Italiam inpressit.

Reliquorum factorum eius, patres conscripti, difficilis est sane reprehensio et lubrica. Versatus in bello est; saturavit se sanguine dissimillimorum sui civium: felix fuit, si potest ulla in scelere esse felicitas. Sed quoniam veteranis cautum esse volumus, quamquam dissimilis est militum causa et tua (illi secuti sunt, tu quaesisti ducem), tamen, ne apud illos me in invidiam voces, nihil de genere belli dicam. Victor e Thessalia Brundisium cum legionibus revertisti. Ibi me non occidisti. Magnum beneficium! potuisse enim fateor. Quamquam nemo erat eorum, qui tum tecum fuerunt, qui mihi non censeret parci oportere.

Tanta est enim caritas patriae, ut vestris etiam legionibus sanctus essem, quod eam a me servatam esse meminissent. Sed fac id te dedisse mihi, quod non ademisti, meque te habere vitam, quia non a te sit erepta; licuitne mihi per tuas contumelias hoc tuum beneficium sic tueri, ut tuebar, praesertim cum te haec auditurum videres?

Venisti Brundisium, in sinum quidem et in complexum tuae mimulae. Quid est? num mentior? Quam miserum est id negare non posse, quod sit turpissimum confiteri! Si te municipiorum non pudebat, ne veterani quidem exercitus? Quis enim miles fuit, qui Brundisi illam non viderit? quis qui nescierit venisse eam tibi tot dierum viam gratulatum? quis, qui non indoluerit tam sero se, quam nequam hominem secutus esset, cognoscere?

Italiae rursus percursatio eadem comite mima, in oppida militum crudelis et misera deductio, in urbe auri, argenti maximeque vini foeda direptio. Accessit, ut Caesare ignaro, cum esset ille Alexandriae, beneficio amicorum eius magister equitum constitueretur. Tum existimavit se suo iure cum Hippia vivere et equos vectigalis Sergio mimo tradere. Tum sibi non hanc, quam nunc male tuetur, sed M. Pisonis domum, ubi habitaret, legerat. Quid ego istius decreta, quid rapinas, quid hereditatum possessiones datas, quid ereptas proferam? Cogebat egestas; quo se vertere non habebat; nondum ei tanta a L. Rubrio, non a L. Turselio hereditas venerat; nondum in Cn. Pompei locum multorumque aliorum, qui aberant, repentinus heres successerat. Erat ei vivendum latronum ritu, ut tantum haberet, quantum rapere potuisset.

Sed haec, quae robustioris improbitatis sunt, omittamus; loquamur potius de nequissimo genere levitatis. Tu istis faucibus, istis lateribus, ista gladiatoria totius corporis firmitate tantum vini in Hippiae nuptiis exhauseras, ut tibi necesse esset in populi Romani conspectu vomere postridie. O rem non modo visu foedam, sed etiam auditu! Si inter cenam in ipsis tuis immanibus illis poculis hoc tibi accidisset, quis non turpe duceret? In coetu vero populi Romani negotium publicum gerens, magister equitum, cui ructare turpe esset, is vomens frustis esculentis vinum redolentibus gremium suum et totum tribunal inplevit! Sed haec ipse fatetur esse in suis sordibus; veniamus ad splendidiora.

Caesar Alexandria se recepit felix, ut sibi quidem videbatur; mea autem sententia, qui rei publicae sit hostis, felix esse nemo potest. Hasta posita pro aede Iovis Statoris bona Cn. Pompei (miserum me! consumptis enim lacrimis tamen infixus haeret animo dolor), bona, inquam, Cn. Pompei Magni voci acerbissimae subiecta praeconis! Una in illa re servitutis oblita civitas ingemuit, servientibusque animis, cum omnia metu tenerentur, gemitus tamen populi Romani liber fuit. Expectantibus omnibus, quisnam esset tam impius, tam demens, tam dis hominibusque hostis, qui ad illud scelus sectionis auderet accedere, inventus est nemo praeter Antonium, praesertim cum tot essent circum hastam illam, qui alia omnia auderent; unus inventus est, qui id auderet, quod omnium fugisset et reformidasset audacia.

Tantus igitur te stupor oppressit vel, ut verius dicam, tantus furor, ut primum, cum sector sis isto loco natus, deinde cum Pompei sector, non te exsecratum populo Romano, non detestabilem, non omnis tibi deos, non omnis homines et esse inimicos et futuros scias? At quam insolenter statim helluo invasit in eius viri fortunas, cuius virtute terribilior erat populus Romanus exteris gentibus, iustitia carior! In eius igitur viri copias cum se subito ingurgitasset, exsultabat gaudio persona de mimo modo egens, repente dives. Sed, ut est apud poetam nescio quem, 'Male parta male dilabuntur.'

Incredibile ac simile portenti est, quonam modo illa tam multa quam paucis non dico mensibus, sed diebus effuderit. Maximus vini numerus fuit, permagnum optimi pondus argenti, pretiosa vestis, multa et lauta supellex et magnifica multis locis non illa quidem luxuriosi hominis, sed tamen abundantis. Horum paucis diebus nihil erat.

Quae Charybdis tam vorax? Charybdim dico, quae si fuit, animal unum fuit; Oceanus medius fidius vix videtur tot res tam dissipatas, tam distantibus in locis positas tam cito absorbere potuisse. Nihil erat clausum, nihil obsignatum, nihil scriptum. Apothecae totae nequissimis hominibus condonabantur; alia mimi rapiebant, alia mimae; domus erat aleatoribus referta, plena ebriorum; totos dies potabatur, atque id locis pluribus; suggerabantur etiam saepe (non enim semper iste felix) damna aleatoria; conchyliatis Cn. Pompei peristromatis servorum in cellis lectos stratos videres. Quam ob rem desinite mirari haec tam celeriter esse consumpta. Non modo unius patrimonium quamvis amplum, ut illud fuit, sed urbis et regna celeriter tanta nequitia devorare potuisset. At idem aedis etiam et hortos.

O audaciam immanem! tu etiam ingredi illam domum ausus es, tu illud sanctissimum limen intrare, tu illarum aedium dis penatibus os impurissimum ostendere? Quam domum aliquamdiu nemo adspicere poterat, nemo sine lacrimis praeterire, hac te in domo tam diu deversari non pudet, in qua, quamvis nihil sapias, tamen nihil tibi potest esse iucundum? An tu, illa vestibulo rostra spolia cum adspexisti, domum tuam te introire putas? Fieri non potest. Quamvis enim sine mente, sine sensu sis, ut es, tamen et te et tua et tuos nosti. Nec vero te umquam neque vigilantem neque in somnis credo posse mente consistere. Necesse est, quamvis sis, ut es, vinulentus et furens, cum tibi obiecta sit species singularis viri, perterritum te de somno excitari, furere etiam saepe vigilantem.

Me quidem miseret parietum ipsorum atque tectorum. Quid enim umquam domus illa viderat nisi pudicum, quid nisi ex optimo more et sanctissima disciplina? Fuit enim ille vir, patres conscripti, sicuti scitis, cum foris clarus, tum domi admirandus neque rebus externis magis laudandus quam institutis domesticis. Huius in sedibus pro cubiculis stabula, pro conclavibus popinae sunt. Etsi iam negat. Nolite quaerere; frugi factus est; mimulam suam suas res sibi habere iussit, ex duodecim tabulis clavis ademit, exegit. Quam porro spectatus civis, quam probatus! Cuius ex omni vita nihil est honestius, quam quod cum mima fecit divortium.

At quam crebro usurpat: 'Et consul et Antonius'! hoc est dicere: et consul et impudicissimus, et consul et homo nequissimus. Quid est enim aliud Antonius? Nam, si dignitas significaretur in nomine, dixisset, credo, aliquando avus tuus se et consulem et Antonium. Numquam dixit. Dixisset etiam conlega meus, patruus tuus, nisi si tu es solus Antonius. Sed omitto ea peccata, quae non sunt earum partium propria, quibus tu rem publicam vexavisti; ad ipsas tuas partis redeo, id est ad civile bellum, quod natum, conflatum, susceptum opera tua est.

Cui bello cum propter timiditatem tuam, tum propter libidines defuisti. Gustaras civilem sanguinem vel potius exorbueras; fueras in acie Pharsalica antesignanus; L. Domitium, clarissimum et nobilissimum virum, occideras multosque praeterea, qui e proelio effugerant, quos Caesar ut non nullos fortasse servasset, crudelissime persecutus trucidaras. Quibus rebus tantis ac talibus gestis quid fuit causae, cur in Africam Caesarem non sequerere, cum praesertim belli pars tanta restaret? Itaque quem locum apud ipsum Caesarem post eius ex Africa reditum obtinuisti? quo numero fuisti? Cuius tu imperatoris quaestor fueras, dictatoris magister equitum, belli princeps, crudelitatis auctor, praedae socius, testamento, ut dicebas ipse, filius, appellatus es de pecunia, quam pro domo, pro hortis, pro sectione debebas.

Primo respondisti plane ferociter et, ne omnia videar contra te, prope modum aequa et iusta dicebas: 'A me C. Caesar pecuniam? cur potius quam ego ab illo? an sine me ille vicit? At ne potuit quidem. Ego ad illum belli civilis causam attuli, ego leges perniciosas rogavi, ego arma contra consules imperatoresque populi Romani, contra senatum populumque Romanum, contra deos patrios arasque et focos, contra patriam tuli. Num sibi soli vicit? Quorum facinus est commune, cur non sit eorum praeda communis?' Ius postulabas, sed quid ad rem? Plus ille poterat.

Itaque excussis tuis vocibus et ad te et ad praedes tuos milites misit, cum repente a te praeclara illa tabula prolata est. Qui risus hominum, tantam esse tabulam, tam varias, tam multas possessiones, ex quibus praeter partem Miseni nihil erat, quod, qui auctionaretur, posset suum dicere! Auctionis vero miserabilis adspectus; vestis Pompei non multa, eaque maculosa, eiusdem quaedam argentea vasa conlisa, sordidata mancipia, ut doleremus quicquam esse ex illis reliquiis, quod videre possemus.

Hanc tamen auctionem heredes L. Rubri decreto Caesaris prohibuerunt. Haerebat nebulo; quo se verteret, non habebat. Quin his ipsis temporibus domi Caesaris percussor ab isto missus deprehensus dicebatur esse cum sica; de quo Caesar in senatu aperte in te invehens questus est. Proficiscitur in Hispaniam Caesar paucis tibi ad solvendum propter inopiam tuam prorogatis diebus. Ne tum quidem sequeris. Tam bonus gladiator rudem tam cito? Hunc igitur quisquam, qui in suis partibus, id est in suis fortunis, tam timidus fuerit, pertimescat?

Profectus est aliquando tandem in Hispaniam; sed tuto, ut ait, pervenire non potuit. Quonam modo igitur Dolabella pervenit? Aut non suscipienda fuit ista causa, Antoni, aut, cum suscepisses, defendenda usque ad extremum. Ter depugnavit Caesar cum civibus, in Thessalia, Africa, Hispania. Omnibus adfuit his pugnis Dolabella, in Hispaniensi etiam vulnus accepit. Si de meo iudicio quaeris, nollem; sed tamen consilium a primo reprehendendum, laudanda constantia. Tu vero quid es? Cn. Pompei liberi tum primum patriam repetebant. Esto, fuerit haec partium causa communis. Repetebant praeterea deos patrios, aras, focos, larem suum familiarem, in quae tu invaseras. Haec cum peterent armis ii, quorum erant legibus (etsi in rebus iniquissimis quid potest esse aequi?), tamen quem erat aequissimum contra Cn. Pompei liberos pugnare, quem? Te sectorem.

An, cum tu Narbone mensas hospitum convomeres, Dolabella pro te in Hispania dimicaret? Qui vero Narbone reditus! Etiam quaerebat, cur ego ex ipso cursu tam subito revertissem. Eui nuper, patres conscripti, causam reditus mei. Volui, si possem, etiam ante

Kalendas Ianuarias prodesse rei publicae. Nam quod quaerebas, quo modo redissem: primum luce, non tenebris, deinde cum calceis et toga, nullis nec Gallicis nec lacerna. At etiam adspicis me, et quidem, ut videris, iratus. Ne tu iam mecum in gratiam redeas, si scias, quam me pudeat nequitiae tuae, cuius te ipsum non pudet. Ex omnium omnibus flagitiis nullum turpius vidi, nullum audivi. Qui magister equitum fuisse tibi viderere, in proximum annum consulatum peteres vel potius rogares, per municipia coloniasque Galliae, e qua nos tum, cum consulatus petebatur, non rogabatur, petere consulatum solebamus, cum Gallicis et lacerna cucurristi.

At videte levitatem hominis. Cum hora diei decima fere ad Saxa rubra venisset, delituit in quadam cauponula atque ibi se occultans perpotavit ad vesperam; inde cisio celeriter ad urbem advectus domum venit capite obvoluto. Ianitor: 'Quis tu?' 'A Marco tabellarius. ' Confestim ad eam, cuius causa venerat, deducitur eique epistulam tradidit. Quam cum illa legeret flens (erat enim scripta amatorie; caput autem litterarum sibi cum illa mima posthac nihil futurum; omnem se amorem abiecisse illim atque in hanc transfudisse), cum mulier fleret uberius, homo misericors ferre non potuit, caput aperuit, in collum invasit. O hominem nequam! Quid enim aliud dicam? magis proprie nihil possum dicere. Ergo, ut te Catamitum, nec opinato cum te ostendisses, praeter spem mulier adspiceret, idcirco urbem terrore nocturno, Italiam multorum dierum metu perturbasti?

Et domi quidem causam amoris habuisti, foris etiam turpiorem, ne L. Plancus praedes tuos venderet. Productus autem in contionem a tribuno pl. cum respondisses te rei tuae causa venisse, populum etiam dicacem in te reddidisti. Sed nimis multa de nugis; ad maiora veniamus. C. Caesari ex Hispania redeunti obviam longissime processisti. Celeriter isti, redisti, ut cognosceret te si minus fortem, at tamen strenuum. Factus es ei rursus nescio quo modo familiaris. Habebat hoc omnino Caesar: quem plane perditum aere alieno egentemque, si eundem nequam hominem audacemque cognorat, hunc in familiaritatem libentissime recipiebat.

His igitur rebus preclare commendatus iussus es renuntiari consul, et quidem cum ipso. Nihil queror de Dolabella, qui tum est inpulsus, inductus, elusus. Qua in re quanta fuerit uterque vestrum perfidia in Dolabellam, quis ignorat? ille induxit, ut peteret, promissum et receptum intervertit ad seque transtulit; tu eius perfidiae voluntatem tuam adscripsisti. Veniunt Kalendae

Ianuariae; cogimur in senatum: invectus est copiosius multo in istum et paratius Dolabella quam nunc ego.

Hic autem iratus quae dixit, di boni! Primum cum Caesar ostendisset se, priusquam proficisceretur, Dolabellam consulem esse iussurum (quem negant regem, qui et faceret semper eius modi aliquid et diceret)—sed cum Caesar ita dixisset, tum hic bonus augur eo se sacerdotio praeditum esse dixit, ut comitia auspiciis vel inpedire vel vitiare posset, idque se facturum esse adseveravit. In quo primum incredibilem stupiditatem hominis cognoscite.

Quid enim? istud, quod te sacerdoti iure facere posse dixisti, si augur non esses et consul esses, minus facere potuisses? Vide, ne etiam facilius; nos enim nuntiationem solum habemus, consules et reliqui magistratus etiam spectionem. Esto, hoc imperite; nec enim est ab homine numquam sobrio postulanda prudentia; sed videte impudentiam. Multis ante mensibus in senatu dixit se Dolabellae comitia aut prohibiturum auspiciis aut id facturum esse, quod fecit. Quisquamne divinare potest, quid vitii in auspiciis futurum sit, nisi qui de caelo servare constituit? quod neque licet comitiis per leges, et, si qui servavit, non comitiis habitis, sed priusquam habeantur, debet nuntiare. Verum implicata inscientia inpudentia est; nec scit, quod augurem, nec facit quod pudentem decet.

Itaque ex illo die recordamini eius usque ad Idus Martias consulatum. Quis umquam adparitor tam humilis, tam abiectus? Nihil ipse poterat, omnia rogabat, caput in aversam lecticam inserens beneficia, quae venderet, a collega petebat. Ecce Dolabellae comitiorum dies! Sortitio praerogativae; quiescit. Renuntiatur; tacet. Prima classis vocatur, renuntiatur; deinde, ita ut adsolet, suffragia; tum secunda classis vocatur; quae omnia sunt citius facta, quam dixi.

Confecto negotio bonus augur (C. Laelium diceres) 'ALIO DIE' inquit. O inpudentiam singularem! Quid videras, quid senseras, quid audieras? Neque enim te de caelo servasse dixisti nec hodie dicis. Id igitur obvenit vitium, quod tu iam Kalendis Ianuariis futurum esse provideras et tanto ante praedixeras. Ergo hercule magna, ut spero, tua potius quam rei publicae calamitate ementitus es auspicia, obstrinxisti religione populum Romanum, augur auguri, consul consuli obnuntiasti. Nolo plura, ne acta Dolabellae videar convellere, quae necesse est aliquando ad nostrum collegium deferantur.

Sed adrogantiam hominis insolentiamque cognoscite. Quamdiu

tu voles, vitiosus consul Dolabella; rursus, cum voles, salvis auspiciis creatus. Si nihil est, cum augur iis verbis nuntiat, quibus tu nuntiasti, confitere te, cum 'ALIO DIE' dixeris, sobrium non fuisse; sin est aliqua vis in istis verbis, ea quae sit, augur a collega requiro. Sed ne forte ex multis rebus gestis M. Antoni rem unam pulcherrimam transiliat oratio, ad Lupercalia veniamus. Non dissimulat, patres conscripti, adparet esse commotum; sudat, pallet. Quidlibet, modo ne nauseet, faciat, quod in porticu Minucia fecit. Quae potest esse turpitudinis tantae defensio? Cupio audire, ut videam, ubi rhetoris sit tanta merces id est ubi campus Leontinus appareat.

Sedebat in rostris conlega tuus amictus toga purpurea in sella aurea coronatus. Escendis, accedis ad sellam, (ita eras Lupercus, ut te consulem esse meminisse deberes) diadema ostendis. Gemitus toto foro. Unde diadema? Non enim abiectum sustuleras, sed adtuleras domo meditatum et cogitatum scelus. Tu diadema inponebas cum plangore populi, ille cum plausu reiciebat. Tu ergo unus, scelerate, inventus es, qui cum auctor regni esse eumque, quem collegam habebas, dominum habere velles, idem temptares, quid populus Romanus ferre et pati posset.

At etiam misericordiam captabas; supplex te ad pedes abiciebas quid petens? ut servires? Tibi uni peteres, qui ita a puero vixeras, ut omnia paterere, ut facile servires; a nobis populoque Romano mandatum id certe non habebas. O praeclaram illam eloquentiam tuam, cum es nudus contionatus! Quid hoc turpius, quid foedius, quid suppliciis omnibus dignius? Num exspectas, dum te stimulis fodiamus? Haec te, si ullam partem habes sensus, lacerat, haec cruentat oratio. Vereor, ne imminuam summorum virorum gloriam; dicam tamen dolore commotus: Quid indignius quam vivere eum, qui inposuerit diadema, cum omnes fateantur iure interfectum esse, qui abiecerit?

At etiam adscribi iussit in fastis ad Lupercalia C. Caesari dictatori perpetuo M. Antonium consulem populi iussu regnum detulisse; Caesarem uti noluisse. Iam iam minime miror te otium perturbare, non modo urbem odisse, sed etiam lucem, cum perditissimis latronibus non solum de die, sed etiam in diem bibere. Ubi enim tu in pace consistes? qui locus tibi in legibus et in iudiciis esse potest, quae tu, quantum in te fuit, dominatu regio sustulisti? Ideone L. Tarquinius exactus, Sp. Cassius, Sp. Maelius, M. Manlius necati, ut multis post saeculis a M. Antonio quod fas non est rex Romae constitueretur?

Sed ad auspicia redeamus, de quibus Idibus Martiis fuit in senatu Caesar acturus. Quaero: Tum tu quid egisses? Audiebam equidem te paratum venisse, quod me de ementitis auspiciis, quibus tamen parere necesse erat, putares esse dicturum. Sustulit illum diem fortuna rei publicae; num etiam tuum de auspiciis iudicium interitus Caesaris sustulit? Sed incidi in id tempus, quod iis rebus, in quas ingressa erat oratio, praevertendum est. Quae tua fuga, quae formido praeclaro illo die, quae propter conscientiam scelerum desperatio vitae, cum ex illa fuga beneficio eorum, qui te, si sanus esses, salvum esse voluerunt, clam te domum recepisti!

O mea frustra semper verissima auguria rerum futurarum! Dicebam illis in Capitolio liberatoribus nostris, cum me ad te ire vellent, ut ad defendendam rem publicam te adhortarer, quoad metueres, omnia te promissurum; simul ac timere desisses, similem te futurum tui. Itaque, cum ceteri consulares irent, redirent, in sententia mansi; neque te illo die neque postero vidi neque ullam societatem optimis civibus cum inportunissimo hoste foedere ullo confirmari posse credidi. Post diem tertium veni in aedem Telluris, et quidem invitus, cum omnis aditus armati obsiderent.

Qui tibi dies ille, M. Antoni, fuit! Quamquam mihi inimicus subito extitisti, tamen me tui miseret, quod tibi invideris. Qui tu vir, di immortales, et quantus fuisses, si illius diei mentem servare potuisses! Pacem haberemus, quae erat facta per obsidem puerum nobilem, M. Bambalionis nepotem. Quamquam bonum te timor faciebat, non diuturnus magister officii, inprobum fecit ea, quae, dum timor abest, a te non discedit, audacia. Etsi tum, cum optimum te putabant me quidem dissentiente, funeri tyranni, si illud funus fuit, sceleratissime praefuisti. Tua illa pulchra laudatio, tua miseratio, tua cohortatio;

tu, tu, inquam, illas faces incendisti, et eas, quibus semustulatus ille est, et eas, quibus incensa L. Bellieni domus deflagravit; tu illos impetus perditorum hominum et ex maxima parte servorum, quos nos vi manuque reppulimus, in nostras domos inmisisti. Idem tamen quasi fuligine abstersa reliquis diebus in Capitolio praeclara senatus consulta fecisti, ne qua post Idus Martias immunitatis tabula neve cuius benefici figeretur. Meministi ipse, de exulibus, scis, de immunitate quid dixeris. Optimum vero, quod dictaturae nomen in perpetuum de re publica sustulisti; quo quidem facto tantum te cepisse odium regni videbatur, ut eius omen omne propter proximum dictatoris metum tolleres.

Constituta res publica videbatur aliis, mihi vero nullo modo, qui omnia te gubernante naufragia metuebam. Num igitur me fefellit, aut num diutius sui potuit dissimilis esse? Inspectantibus vobis toto Capitolo tabulae figebantur, neque solum singulis venibant immunitates, sed etiam populis universis; civitas non iam singillatim, sed provinciis totis dabatur. Itaque, si haec manent, quae stante re publica manere non possunt, provincias universas, patres conscripti, perdidistis, neque vectigalia solum, sed etiam imperium populi Romani huius domesticis nundinis deminutum est.

Ubi est septiens miliens, quod est in tabulis, quae sunt ad Opis? funestae illius quidem pecuniae, sed tamen quae nos, si iis, quorum erat, non redderetur, a tributis posset vindicare. Tu autem quadringentiens sestertium, quod Idibus Martiis debuisti, quonam modo ante Kalendas Apriles debere desisti? Sunt ea quidem innumerabilia, quae a tuis emebantur non insciente te, sed unum egregium de rege Deiotaro populi Romani amicissimo decretum in Capitolio fixum; quo proposito nemo erat qui in ipso dolore risum posset continere.

Quis enim cuiquam inimicior quam Deiotaro Caesar? aeque atque huic ordini, ut equestri, ut Massiliensibus, ut omnibus, quibus rem publicam populi Romani caram esse sentiebat. Igitur, a quo vivo nec praesens nec absens rex Deiotarus quicquam aequi boni impetravit, apud mortuum factus est gratiosus. Conpellarat hospitem praesens, conputarat, pecuniam inperarat, in eius tetrarchia unum ex Graecis comitibus suis collocarat, Armeniam abstulerat a senatu datam. Haec vivus eripuit, reddit mortuus.

At quibus verbis? Modo aequum sibi videri, modo non iniquum. Mira verborum complexio! At ille numquam (semper enim absenti adfui Deiotaro) quicquam sibi, quod nos pro illo postularemus, aequum dixit videri. Syngrapha sestertii centiens per legatos, viros bonos, sed timidos et imperitos, sine nostra, sine reliquorum hospitum regis sententia facta in gynaecio est, quo in loco plurimae res venierunt et veneunt. Qua ex syngrapha quid sis acturus, meditere censeo. Rex enim ipse sua sponte nullis commentariis Caesaris, simul atque audivit eius interitum, suo Marte res suas reciperavit.

Sciebat homo sapiens ius semper hoc fuisse ut, quae tyranni eripuissent, ea tyrannis interfectis ii, quibus erepta essent, reciperarent. Nemo igitur iure consultus, ne iste quidem, qui tibi uni est iure consultus, per quem haec agis, ex ista syngrapha deberi dicit pro iis rebus, quae erant ante syngrapham reciperatae. Non enim a te emit, sed, priusquam tu suum sibi venderes, ipse possedit. Ille vir fuit; nos quidem contemnendi, qui actorem odimus, acta defendimus.

Quid ego de commentariis infinitis, quid de innumerabilibus chirographis loquar? quorum etiam institores sunt, qui ea tamquam gladiatorum libellos palam venditent. Itaque tanti acervi nummorum apud istum construuntur, ut iam expendantur, non numerentur pecuniae. At quam caeca avaritia est! Nuper fixa tabula est, qua civitates locupletissimae Cretensium vectigalibus liberantur statuiturque, ne post M. Brutum pro consule sit Creta provincia. Tu mentis es conpos, tu non constringendus? An Caesaris decreto Creta post M. Bruti decessum potuit liberari, cum Creta nihil ad Brutum Caesare vivo pertineret? At huius venditione decreti, ne nihil actum putetis, provinciam Cretam perdidistis. Omnino nemo ullius rei fuit emptor, cui defuerit hic venditor.

Et de exulibus legem, quam fixisti Caesar tulit? Nullius insector calamitatem; tantum queror, primum eorum reditus exaequatos, quorum causam Caesar dissimilem iudicarit; deinde nescio, cur non reliquis idem tribuas: neque enim plus quam tres aut quattuor reliqui sunt. Qui simili in calamitate sunt, cur tua misericordia non simili fruuntur, cur eos habes in loco patrui? de quo ferre, cum de reliquis ferres, noluisti; quem etiam ad censuram petendam impulisti eamque petitionem comparasti, quae et risus hominum et querellas moveret.

Cur autem ea comitia non habuisti? an quia tribunus pl. sinistrum fulmen nuntiabat? Cum tua quid interest, nulla auspicia sunt, cum tuorum, tum fis religiosus. Quid? eundem in septemviratu nonne destituisti? intervenit enim, cui metuisti, credo, ne salvo capite negare non posses. Omnibus eum contumeliis onerasti, quem patris loco, si ulla in te pietas esset, colere debebas. Filiam eius sororem tuam eiecisti alia condicione quaesita et ante perspecta. Non est satis; probri insimulasti pudicissimam feminam. Quid est, quod addi possit? Contentus eo non fuisti; frequentissimo senatu Kalendis Ianuariis sedente patruo hanc tibi esse cum Dolabella causam odi dicere ausus es, quod ab eo sorori et uxori tuae stuprum oblatum esse comperisses. Quis interpretari potest, inpudentiorne, qui in senatu, an inprobior, qui in Dolabellam, an inpurior, qui patruo audiente, an crudelior, qui in illam miseram tam spurce, tam impie dixeris?

Sed ad chirographa redeamus. Quae tua fuit cognitio? Acta enim Caesaris pacis causa confirmata sunt a senatu; quae quidem Caesar egisset, non ea, quae egisse Caesarem dixisset Antonius. Unde ista erumpunt, quo auctore proferuntur? Si sunt falsa, cur probantur? si vera, cur veneunt? At sic placuerat, ut ex Kalendis Iuniis de Caesaris actis cum consilio cognosceretis. Quod fuit consilium, quem umquam convocasti, quas Kalendas Iunias expectasti? an eas, ad quas te peragratis veteranorum coloniis stipatum armis rettulisti? O praeclaram illam percursationem tuam mense Aprili atque Maio, tum cum etiam Capuam coloniam deducere conatus es! Quem ad modum illinc abieris vel potius paene non abieris, scimus.

Cui tu urbi minitaris. Utinam conere, ut aliquando illud 'paene' tollatur! At quam nobilis est tua illa peregrinatio! Quid prandiorum adparatus, quid furiosam vinulentiam tuam proferam? Tua ista detrimenta sunt, illa nostra. Agrum Campanum, qui cum de vectigalibus eximebatur, ut militibus daretur, tamen infligi magnum rei publicae vulnus putabamus, hunc tu compransoribus tuis et conlusoribus dividebas. Mimos dico et mimas, patres conscripti, in agro Campano collocatos. Quid iam querar de agro Leontino? quoniam quidem hae quondam arationes Campana et Leontina in populi Romani patrimonio grandiferae et fructuosae ferebantur. Medico tria milia iugerum; quid, si te sanasset? rhetori duo; quid, si te disertum facere potuisset? Sed ad iter Italiamque redeamus.

Deduxisti coloniam Casilinum, quo Caesar ante deduxerat. Consuluisti me per litteras de Capua tu quidem, sed idem de Casilino respondissem, possesne, ubi colonia esset, eo coloniam novam iure deducere. Negavi in eam coloniam, quae esset auspicato deducta, dum esset incolumis, coloniam novam iure deduci; colonos novos adscribi posse rescripsi. Tu autem insolentia elatus omni auspiciorum iure turbato Casilinum coloniam deduxisti, quo erat paucis annis ante deducta, ut vexillum tolleres, ut aratrum circumduceres; cuius quidem vomere portam Capuae paene perstrinxisti, ut florentis coloniae territorium minueretur.

Ab hac perturbatione religionum advolas in M. Varronis, sanctissimi atque integerrimi viri, fundum Casinatem, quo iure, quo ore? 'Eodem', inquies, 'quo in heredum L. Rubri, quo in heredum L. Turseli praedia, quo in reliquas innumerabiles possessiones. ' Et is ab hasta, valeat hasta, valeant tabulae modo

Caesaris, non tuae, quibus debuisti, non quibus tu te liberavisti. Varronis quidem Casinatem fundum quis venisse dicit, quis hastam istius venditionis vidit, quis vocem praeconis audivit? Misisse te dicis Alexandriam, qui emeret a Caesare; ipsum enim expectare magnum fuit.

Quis vero audivit umquam (nullius autem salus curae pluribus fuit) de fortunis Varronis rem ullam esse detractam? Quid? si etiam scripsit ad te Caesar, ut redderes, quid satis potest dici de tanta impudentia? Remove gladios parumper illos, quos videmus: iam intelleges aliam causam esse hastae Caesaris, aliam confidentiae et temeritatis tuae. Non enim te dominus modo illis sedibus, sed quivis amicus, vicinus, hospes, procurator arcebit. At quam multos dies in ea villa turpissime es perbacchatus! Ab hora tertia bibebatur, ludebatur, vomebatur. O tecta ipsa misera, 'quam dispari domino' (quamquam quo modo iste dominus?)—sed tamen quam ab dispari tenebantur! Studiorum enim suorum M. Varro voluit illud, non libidinum deversorium.

Quae in illa villa antea dicebantur, quae cogitabantur, quae litteris mandabantur! Iura populi Romani, monimenta maiorum, omnis sapientiae ratio omnisque doctrinae. At vero te inquilino (non enim domino) personabant omnia vocibus ebriorum, natabant pavimenta vino, madebant parietes ingenui pueri cum meritoriis, scorta inter matres familias versabantur. Casino salutatum veniebant, Aquino, Interamna; admissus est nemo. Iure id quidem; in homine enim turpissimo obsolefiebant dignitatis insignia.

Cum inde Romam proficiscens ad Aquinum accederet, ob viam ei processit, ut est frequens municipium, magna sane multitudo. At iste operta lectica latus per oppidum est ut mortuus. Stulte Aquinates; sed tamen in via habitabant. Quid Anagnini? Qui cum essent devii, descenderunt, ut istum, tamquam si esset, consul salutarent. Incredibile dictu + sed cum vinus inter omnis constabat neminem esse resalutatum, praesertim cum duos secum Anagninos haberet, Mustelam et Laconem, quorum alter gladiorum est princeps, alter poculorum.

Quid ego illas istius minas contumeliasque commemorem, quibus invectus est in Sidicinos, vexavit Puteolanos, quod C. Cassium et Brutos patronos adoptassent? Magno quidem studio, iudicio, benivolentia, caritate, non ut te et Basilum vi et armis et alios vestri similes, quos clientis nemo habere velit, non modo illorum cliens esse. Interea dum tu abes, qui dies ille conlegae tui fuit, cum illud, quod venerari solebas, bustum in foro evertit! Qua re tibi nuntiata, ut constabat inter eos, qui una fuerunt, concidisti. Quid evenerit postea nescio; metum credo valuisse et arma; conlegam quidem de caelo detraxisti effecistique non tu quidem etiam nunc, ut similis tui, sed certe ut dissimilis esset sui. Qui vero inde reditus Romam, quae perturbatio totius urbis! Memineramus Cinnam nimis potentem, Sullam postea dominantem, modo Caesarem regnantem videramus. Erant fortasse gladii, sed absconditi nec ita multi. Ista vero quae et quanta barbaria est! Agmine quadrato cum gladiis secuntur, scutorum lecticas portari videmus. Atque his quidem iam inveteratis, patres conscripti, consuetudine obduruimus; Kalendis Iuniis cum in senatum, ut erat constitutum, venire vellemus, metu perterriti repente diffugimus.

At iste, qui senatu non egeret, neque desideravit quemquam et potius discessu nostro laetatus est statimque illa mirabilia facinora effecit. Qui chirographa Caesaris defendisset lucri sui causa, is leges Caesaris, easque praeclaras, ut rem publicam concutere posset, evertit. Numerum annorum provinciis prorogavit, idemque, cum actorum Caesaris defensor esse deberet, et in publicis et in privatis rebus acta Caesaris rescidit. In publicis nihil est lege gravius, in privatis firmissimum est testamentum. Leges alias sine promulgatione sustulit, alias ut tolleret, promulgavit. Testamentum irritum fecit, quod etiam infimis civibus semper optentum est. Signa, tabulas, quas populo Caesar una cum hortis legavit, eas hic partim in hortos Pompei deportavit, partim in villam Scipionis.

Et tu in Caesaris memoria diligens, tu illum amas mortuum? Quem is honorem maiorem consecutus erat, quam ut haberet pulvinar, simulacrum, fastigium, flaminem? Est ergo flamen, ut Iovi, ut Marti, ut Quirino, sic divo Iulio M. Antonius. Quid igitur cessas? Cur non inauguraris? Sume diem, vide, qui te inauguret; conlegae sumus; nemo negabit. O detestabilem hominem, sive eo quod Caesaris sacerdos es sive quod mortui! Quaero deinceps, num, hodiernus dies qui sit, ignores. Nescis heri quartum in Circo diem ludorum Romanorum fuisse? te autem ipsum ad populum tulisse, ut quintus praeterea dies Caesari tribueretur? Cur non sumus praetextati? cur honorem Caesaris tua lege datum deseri patimur? an supplicationes addendo diem contaminari passus es, pulvinaria noluisti? Aut undique religionem tolle aut usque quaque conserva.

Quaeris, placeatne mihi pulvinar esse, fastigium, flaminem. Mihi vero nihil istorum placet; sed tu, qui acta Caesaris defendis, quid potes dicere, cur alia defendas, alia non cures? Nisi forte vis fateri te omnia quaestu tuo, non illius dignitate metiri. Quid ad haec tandem? expecto enim eloquentiam tuam. Disertissimum cognovi avum tuum, at te etiam apertiorem in dicendo. Ille numquam nudus est contionatus, tuum hominis simplicis pectus vidimus. Respondebisne ad haec aut omnino hiscere audebis? Ecquid reperies ex tam longa oratione mea, cui te respondere posse confidas?

Sed praeterita omittamus: hunc unum diem, unum, inquam, hodiernum diem, hoc punctum temporis, quo loquor, defende, si potes. Cur armatorum corona senatus saeptus est, cur me tui satellites cum gladiis audiunt, cur valvae Concordiae non patent, cur homines omnium gentium maxime barbaros, Ityraeos, cum sagittis deducis in forum? Praesidii sui causa se facere dicit. Non igitur miliens perire est melius quam in sua civitate sine armatorum praesidio non posse vivere? Sed nullum est istud, mihi crede, praesidium; caritate te et benivolentia civium saeptum oportet esse, non armis.

Eripiet et extorquebit tibi ista populus Romanus, utinam salvis nobis! Sed quoquo modo nobiscum egeris, dum istis consiliis uteris, non potes, mihi crede, esse diuturnus. Etenim ista tua minime avara coniunx, quam ego sine contumelia describo, nimium diu debet populo Romano tertiam pensionem. Habet populus Romanus, ad quos gubernacula rei publicae deferat; qui ubicumque terrarum sunt, ibi omne est rei publicae praesidium vel potius ipsa res publica, quae se adhuc tantum modo ulta est, nondum reciperavit. Habet quidem certe res publica adulescentis nobilissimos paratos defensores. Quam volent illi cedant otio consulentes, tamen a re publica revocabuntur. Et nomen pacis dulce est et ipsa res salutaris, sed inter pacem et servitutem plurimum interest. Pax est tranquilla libertas, servitus postremum malorum omnium non modo bello, sed morte etiam repellendum.

Quodsi se ipsos illi nostri liberatores e conspectu nostro abstulerunt, at exemplum facti reliquerunt. Illi, quod nemo fecerat, fecerunt. Tarquinium Brutus bello est persecutus, qui tum rex fuit, cum esse Romae licebat; Sp. Cassius, Sp. Maelius, M. Manlius propter suspicionem regni adpetendi sunt necati; hi primum cum gladiis non in regnum adpetentem, sed in regnantem impetum fecerunt. Quod cum ipsum factum per se praeclarum est atque divinum, tum eitum ad imitandum est, praesertim cum illi eam gloriam consecuti sint, quae vix caelo capi posse videatur. Etsi enim satis in ipsa conscientia pulcherrimi facti fructus erat, tamen mortali immortalitatem non arbitror esse contemnendam.

Recordare igitur illum, M. Antoni, diem, quo dictaturam sustulisti; pone ante oculos laetitiam senatus populique Romani, confer cum hac nundinatione tua tuorumque; tum intelleges, quantum inter lucrum et laudem intersit. Sed nimirum, ut quidam morbo aliquo et sensus stupore suavitatem cibi non sentiunt, sic libidinosi, avari, facinerosi verae laudis gustatum non habent. Sed si te laus allicere ad recte faciendum non potest, ne metus quidem a foedissimis factis potest avocare? Iudicia non metuis, si propter innocentiam, laudo, sin propter vim, non intellegis, qui isto modo iudicia non timeat, ei quid timendum sit?

Quodsi non metuis viros fortis egregiosque civis, quod a corpore tuo prohibentur armis, tui te, mihi crede, diutius non ferent. Quae est autem vita dies et noctes timere a suis? Nisi vero aut maioribus habes beneficiis obligatos, quam ille quosdam habuit ex iis, a quibus est interfectus, aut tu es ulla re cum eo comparandus. Fuit in illo ingenium, ratio, memoria, litterae, cura, cogitatio, diligentia; res bello gesserat, quamvis rei publicae calamitosas, at tamen magnas; multos annos regnare meditatus, magno labore, magnis periculis, quod cogitarat effecerat; muneribus, monumentis, congiariis, epulis multitudinem imperitam delenierat; suos praemiis, adversarios clementiae specie devinxerat; quid multa? Attulerat iam liberae civitati partim metu, partim patientia consuetudinem serviendi.

Cum illo ego te dominandi cupiditate conferre possum, ceteris vero rebus nullo modo comparandus es. Sed ex plurimis malis, quae ab illo rei publicae sunt inusta, hoc tamen boni extitit, quod didicit iam populus Romanus, quantum cuique crederet, quibus se committeret, a quibus caveret. Haec non cogitas, neque intellegis satis esse viris fortibus didicisse, quam sit re pulchrum, beneficio gratum, fama gloriosum tyrannum occidere? An, cum illum homines non tulerint, te ferent?

Certatim posthac, mihi crede, ad hoc opus curretur neque occasionis tarditas expectabitur. Resipisce, quaeso, aliquando; quibus ortus sis, non quibuscum vivas, considera; mecum, ut voles, redi cum re publica in gratiam. Sed de te tu videris, ego de me ipse profitebor. Defendi rem publicam adulescens, non deseram senex; contempsi Catilinae gladios, non pertimescam tuos.

Quin etiam corpus libenter optulerim, si repraesentari morte mea libertas civitatis potest, ut aliquando dolor populi Romani pariat, quod iam diu parturit. Etenim, si abhinc annos prope viginti hoc ipso in templo negavi posse mortem immaturam esse consulari, quanto verius non negabo seni! Mihi vero, patres conscripti, iam etiam optanda mors est perfuncto rebus iis, quas adeptus sum quasque gessi. Duo modo haec opto, unum ut moriens populum Romanum liberum relinquam (hoc mihi maius ad dis immortalibus dari nihil potest), alterum, ut ita cuique eveniat, ut de re publica quisque mereatur.

PHILIPPICA TERTIA

Serius omnino, patres conscripti, quam tempus rei publicae postulabat, aliquando tamen convocati sumus, quod flagitabam equidem cotidie, quippe cum bellum nefarium contra aras et focos, contra vitam fortunasque nostras ab homine profligato ac perdito non comparari, sed geri iam viderem. Expectantur Kalendae Ianuariae; quas non expectat Antonius, qui in provinciam D. Bruti, summi et singularis viri, cum exercitu impetum facere conatur; ex qua se instructum et paratum ad urbem venturum esse minitatur. Quae est igitur expectatio aut quae vel minimi dilatio temporis? Quamquam enim adsunt Kalendae Ianuariae, tamen breve tempus longum est inparatis. Dies enim adfert vel hora potius, nisi provisum est, magnas saepe clades; certus autem dies non ut sacrificiis, sic consiliis expectari solet. Quodsi aut Kalendae Ianuariae fuissent eo die, quo primum ex urbe fugit Antonius, aut eae non essent expectatae, bellum iam nullum haberemus. Auctoritate enim senatus consensuque populi Romani facile hominis amentis fregissemus audaciam. Quod confido equidem consules designatos, simul ut magistratum inierint, esse facturos; sunt enim optimo animo, summo consilio, singulari concordia. Mea autem festinatio non victoriae solum avida est, sed etiam celeritatis.

Quo enim usque tantum bellum, tam crudele, tam nefarium privatis consiliis propulsabitur? cur non quam primum publica accedit auctoritas? C. Caesar adulescens, paene potius puer, incredibili ac divina quadam mente atque virtute, tum, cum maxime furor arderet Antoni, cumque eius a Brundisio crudelis et pestifer reditus timeretur, nec postulantibus nec cogitantibus, ne optantibus quidem nobis, quia non posse fieri videbatur, firmissimum exercitum ex invicto genere veteranorum militum comparavit patrimoniumque suum ecfudit; quamquam non sum usus eo verbo, quo debui; non enim ecfudit; in rei publicae salute conlocavit.

Cui quamquam gratia referri tanta non potest, quanta debetur, habenda tamen est tanta, quantam maximam animi nostri capere possunt. Quis enim est tam ignarus rerum, tam nihil de re publica cogitans, qui hoc non intellegat, si M. Antonius a Brundisio cum iis copiis, quas se habiturum putabat, Romam, ut minabatur, venire potuisset, nullum genus eum crudelitatis praeteriturum fuisse? quippe qui in hospitis tectis Brundisi fortissimos viros optimosque civis iugulari iusserit; quorum ante pedes eius morientium sanguine os uxoris respersum esse constabat. Hac ille crudelitate imbutus, cum multo bonis omnibus veniret iratior, quam illis fuerat, quos trucidarat, cui tandem nostrum aut cui omnino bono pepercisset?

Qua peste privato consilio rem publicam (neque enim fieri potuit aliter) Caesar liberavit. Qui nisi in hac re publica natus esset, rem publicam scelere Antoni nullam haberemus. Sic enim perspicio, sic iudico, nisi unus adulescens illius furentis impetus crudelissimosque conatus cohibuisset, rem publicam funditus interituram fuisse. Cui quidem hodierno die, patres conscripti (nunc enim primum ita convenimus, ut illius beneficio possemus ea, quae sentiremus, libere dicere) tribuenda est auctoritas, ut rem publicam non modo a se susceptam, sed etiam a nobis commendatam possit defendere.

Nec vero de legione Martia, quoniam longo intervallo loqui nobis de re publica licet, sileri potest. Quis enim unus fortior, quis amicior umquam rei publicae fuit quam legio Martia universa? Quae cum hostem populi Romani Antonium iudicasset, comes esse eius amentiae noluit; reliquit consulem; quod profecto non fecisset, si eum consulem iudicasset, quem nihil aliud agere, nihil moliri nisi caedem civium atque interitum civitatis videret. Atque ea legio consedit Albae. Quam potuit urbem eligere aut oportuniorem ad res gerundas aut fideliorem aut fortiorum virorum aut amiciorum rei publicae civium?

Huius legionis virtutem imitata quarta legio, duce L. Egnatuleio quaestore, civi optimo et fortissimo, C. Caesaris auctoritatem atque exercitum persecuta est. Faciendum est igitur nobis, patres conscripti, ut ea, quae sua sponte clarissimus adulescens atque omnium praestantissimus gessit et gerit, haec auctoritate nostra comprobentur veteranorumque fortissimorum virorum, tum legionis Martiae quartaeque mirabilis consensus ad rem publicam reciperandam laude et testimonio nostro confirmetur, eorumque commoda, honores, praemia, cum consules designati magistratum inierint, curae nobis fore hodierno die spondeamus.

Atque ea quidem, quae dixi de Caesare deque eius exercitu, iam diu nota sunt nobis. Virtute enim admirabili Caesaris constantiaque militum veteranorum legionumque earum, quae optimo iudicio auctoritatem vestram, libertatem populi Romani, virtutem Caesaris secutae sunt, a cervicibus nostris est depulsus Antonius. Sed haec, ut dixi, superiora; hoc vero recens edictum D. Bruti, quod paulo ante propositum est, certe silentio non potest praeteriri. Pollicetur enim se provinciam Galliam retenturum in senatus populique Romani potestate. O civem natum rei publicae, memorem sui nominis imitatoremque maiorum! Neque enim Tarquinio expulso maioribus nostris tam fuit optata libertas, quam est depulso iam Antonio retinenda nobis.

Illi regibus parere iam a condita urbem didicerant; nos post reges exactos servitutis oblivio ceperat. Atque ille Tarquinius, quem maiores nostri non tulerunt, non crudelis, non impius, sed superbus est habitus et dictus; quod nos vitium in privatis saepe tulimus, id maiores nostri ne in rege quidem ferre potuerunt. L. Brutus regem superbum non tulit; D. Brutus sceleratum atque impium regnare patietur Antonium? Quid Tarquinius tale, qualia innumerabilia et facit et fecit Antonius? Senatum etiam reges habebant; nec tamen, ut Antonio senatum habente in consilio regis versabantur barbari armati. Servabant auspicia reges; quae hic consul augurque neglexit, neque solum legibus contra auspicia ferendis, sed etiam conlega una ferente eo, quem ipse ementitis auspiciis vitiosum fecerat.

Quis autem rex umquam fuit tam insignite inpudens, ut haberet omnia commoda, beneficia, iura regni venalia? quam hic immunitatem, quam civitatem, quod praemium non vel singulis hominibus vel civitatibus vel universis provinciis vendidit? Nihil humile de Tarquinio, nihil sordidum accepimus; at vero huius domi inter quasilla pendebatur aurum, numerabatur pecunia; una in domo omnes quorum intereat, totum imperium populi Romani nundinabantur. Supplicia vero in civis Romanos nulla Tarquini accepimus; at hic et Suessae iugulavit eos, quos in custodiam dederat et Brundisi ad trecentos fortissimos viros civisque optimos trucidavit.

Postremo Tarquinius pro populo Romano bellum gerebat tum cum est expulsus; Antonius contra populum Romanum exercitum adducebat tum, cum a legionibus relictus nomen Caesaris exercitumque pertimuit neglectisque sacrificiis sollemnibus ante lucem vota ea, quae numquam solveret, nuncupavit, et hoc tempore in provinciam populi Romani conatur invadere. Maius igitur a D. Bruto beneficium populus Romanus et habet et expectat, quam maiores nostri acceperunt a L. Bruto, principe huius maxime conservandi generis et nominis.

Cum autem omnis servitus est misera, tum vero intolerabile est servire inpuro, inpudico, effeminato, numquam ne in metu quidem sobrio. Hunc igitur qui Gallia prohibet, privato praesertim consilio, iudicat verissimeque iudicat non esse consulem. Faciendum est igitur nobis, patres conscripti, ut D. Bruti privatum consilium auctoritate publica comprobemus. Nec vero M. Antonium consulem post Lupercalia debuistis putare; quo enim ille die, populo Romano inspectante, nudus, unctus, ebrius est contionatus et id egit, ut collegae diadema imponeret, eo die se non modo consulatu, sed etiam libertate abdicavit. Esset enim ipsi certe statim serviendum, si Caesar ab eo regni insigne accipere voluisset. Hunc igitur ego consulem , hunc civem Romanum, hunc liberum, hunc denique hominem putem, qui foedo illo et flagitioso die, et quid pati C. Caesare vivo posset, et quid eo mortuo consequi ipse cuperet, ostendit?

Nec vero de virtute, constantia, gravitate provinciae Galliae taceri potest. Est enim ille flos Italiae, illud firmamentum imperii populi Romani, illud ornamentum dignitatis. Tantus autem est consensus municipiorum coloniarumque provinciae Galliae, ut omnes ad auctoritatem huius ordinis maiestatemque populi Romani defendendam conspirasse videantur. Quam ob rem, tribuni pl., quamquam vos nihil aliud nisi de praesidio, ut senatum tuto consules Kalendis Ianuariis habere possent, rettulisti, tamen mihi videmini magno consilio atque optima mente potestatem nobis de tota re publica fecisse dicendi. Cum enim tuto haberi senatum sine praesidio non posse iudicavistis, tum statuistis etiam intra muros Antoni scelus audaciamque versari.

Quam ob rem omnia mea sententia complectar vobis, ut intellego, non invitis, ut et praestantissimis ducibus a nobis detur auctoritas et fortissimis militibus spes ostendatur praemiorum et iudicetur non verbo, sed re non modo non consul, sed etiam hostis Antonius. Nam, si ille consul, fustuarium meruerunt legiones, quae consulem reliquerunt, sceleratus Caesar, Brutus nefarius, qui contra consulem privato consilio exercitus comparaverunt. Si autem militibus exquirendi sunt honores novi propter eorum divinum atque immortale meritum, ducibus autem ne referri quidem potest gratia, quis est, qui eum hostem non existimet, quem qui armis persequantur, conservatores rei publicae iudicentur?

At quam contumeliosus in edictis, quam barbarus, quam rudis! Primum in Caesarem maledicta congessit, deprompta ex recordatione impudicitiae et stuprorum suorum. Quis enim hoc adulescente castior, quis modestior? quod in iuventute habemus inlustrius exemplum veteris sanctitatis? quis autem illo, qui male dicit, impurior? Ignobilitatem obicit C. Caesaris filio, cuius etiam natura pater, si vita suppeditasset, consul factus esset. Aricina mater. Trallianam aut Ephesiam putes dicere. Videte, quam despiciamur omnes, qui sumus e municipiis, id est omnes plane; quotus enim quisque nostrum non est? Quod autem municipium non contemnit is, qui Aricinum tanto opere despicit vetustate antiquissimum, iure foederatum, propinquitate paene finitimum, splendore municipum honestissimum?

Hinc Voconiae, hinc Atiniae leges, hinc multae sellae curules et patrum memoria et nostra, hinc equites Romani lautissimi et plurimi. Sed, si Aricinam uxorem non probas, cur probas Tusculanam? Quamquam huius sanctissimae feminae atque optimae pater, M. Atius Balbus, in primis honestus, praetorius fuit; tuae coniugis, bonae feminae, locupletis quidem certe, Bambalio quidam pater, homo nullo numero. Nihil illo contemptius, qui propter haesitantiam linguae stuporemque cordis cognomen ex contumelia traxerit. At avus nobilis. Tuditanus nempe ille, qui cum palla et cothurnis nummos populo de rostris spargere solebat. Vellem hanc contemptionem pecuniae suis reliquisset! Habetis nobilitatem generis gloriosam.

Qui autem evenit, ut tibi +Iulia natus ignobilis videatur, cum tu eodem materno genere soleas gloriari? Quae porro amentia est eum dicere aliquid de uxorum ignobilitate, cuius pater Numitoriam Fregellanam, proditoris filiam, habuerit uxorem, ipse ex libertini filia susceperit liberos? Sed hoc clarissimi viri viderint, L. Philippus qui habet Aricinam uxorem, C. Marcellus, qui Aricinae filiam; quos certe scio dignitatis optimarum feminarum non paenitere. Idem etiam Q. Ciceronem, fratris mei filium, compellat edicto nec sentit amens commendationem esse conpellationem suam. Quid enim accidere huic adulescenti potuit optatius quam cognosci ab omnibus Caesaris consiliorum esse socium, Antoni furoris inimicum?

At etiam gladiator ausus est scribere hunc de patris et patrui parricidio cogitasse. O admirabilem inpudentiam, audaciam, temeritatem, in eum adulescentem hoc scribere audere, quem ego et frater meus propter eius suavissimos atque optimos mores praestantissimumque ingenium certatim amamus omnibusque horis oculis, auribus, complexu tenemus! Nam me isdem edictis nescit laedat an laudet. Cum idem supplicium minatur optimis civibus quod ego de sceleratissimis ac pessimis sumpserim, laudare videtur, quasi imitari velit; cum autem illam pulcherrimi facti memoriam refricat, tum a sui similibus invidiam aliquam in me commoveri putat.

Sed quid fecit ipse? Cum tot edicta proposuisset, edixit, ut adesset senatus frequens a.d. VIII Kalendas Decembres: eo die ipse non adfuit. At quo modo edixit? Haec sunt, ut opinor, verba in extremo: 'Si quis non adfuerit, hunc existimare omnes poterunt et interitus mei et perditissimorum consiliorum auctorem fuisse.' Quae sunt perdita consilia? an ea, quae pertinent ad libertatem populi Romani reciperandam? quorum consiliorum Caesari me auctorem et hortatorem et esse et fuisse fateor. Quamquam ille non eguit consilio cuiusquam, sed tamen currentem, ut dicitur, incitavi. Nam interitus quidem tui quis bonus non esset auctor, cum in eo salus et vita optimi cuiusque, libertas populi Romani dignitasque consisteret?

Sed cum tam atroci edicto nos concitavisset, cur ipse non adfuit? Num putatis aliqua re tristi ac severa? vino atque epulis retentus, si illae epulae potius quam popinae nominandae sunt, diem edicti obire neglexit, in ante diem quartum Kalendas Decembres distulit. Adesse in Capitolio iussit; quod in templum ipse nescio qua per Gallorum cuniculum ascendit. Convenerunt corrogati, et quidem ampli quidam homines, sed inmemores dignitatis suae. Is enim erat dies, ea fama, is, qui senatum vocarat, ut turpe senatori esset nihil timere. Ad eos tamen ipsos qui convenerant, ne verbo quidem ausus est facere de Caesare, cum de eo constituisset ad senatum referre ; scriptam attulerat consularis quidam sententiam.

Quid est aliud de eo referre non audere, qui contra se consulem exercitum duceret, nisi se ipsum hostem iudicare? Necesse erat enim alterutrum esse hostem, nec poterat aliter de adversariis iudicari ducibus. Si igitur Caesar hostis, cur consul nihil refert ad senatum? Sin ille a senatu notandus non fuit, quid potest dicere, quin, cum de illo tacuerit, se hostem confessus sit? Quem in edictis Spartacum appellat, hunc in senatu ne improbum quidem dicere audet. At in rebus tristissimis quantos excitat risus! Sententiolas edicti cuiusdam memoriae mandavi, quas videtur ille peracutas putare; ego autem, qui intellegeret, quid dicere vellet, adhuc neminem inveni.

'Nulla contumelia est quam facit dignus.' Primum quid est 'dignus'? nam etiam malo multi digni, sicut ipse. An 'quam facit is, qui cum dignitate est'? Quae autem potest esse maior? Quid est porro 'facere contumeliam'? quis sic loquitur? Deinde: 'nec timor, quem denuntiat inimicus'. Quid ergo? ab amico timor denuntiari solet? Horum similia deinceps. Nonne satius est mutum esse quam, quod nemo intellegat, dicere? En, cur magister eius ex oratore arator factus sit, possideat in agro publico populi Romani campi Leontini duo milia iugerum immunia, ut hominem stupidum magis etiam infatuet mercede publica.

Sed haec leviora fortasse; illud quaero, cur tam mansuetus in senatu fuerit, cum in edictis tam ferus fuisset. Quid enim attinuerat L. Cassio tribuno pl., fortissimo et constantissimo civi, mortem denuntiare, si in senatum venisset, D. Carfulenum bene de re publica sentientem senatu vi et minis mortis expellere, Ti.Cannutium, a quo erat honestissimis contionibus et saepe et iure vexatus, non templo solum, verum etiam aditu prohibere Capitoli? Cui senatus consulto ne intercederent, verebatur? De supplicatione, credo, M. Lepidi, clarissimi viri. At quod erat periculum, de cuius honore extraordinario cotidie aliquid cogitabamus, ne eius usitatus honos impediretur?

Ac ne sine causa videretur edixisse, ut senatus adesset, cum de re publica relaturus fuisset, adlato nuntio de legione quarta mente concidit et fugere festinans senatus consultum de supplicatione per discessionem fecit, cum id factum esset antea numquam. Quae vero profectio postea, quod iter paludati, quae vitatio oculorum, lucis, urbis, fori, quam misera fuga, quam foeda, quam turpis! Praeclara tamen senatus consulta illo ipso die vespertina, provinciarum religiosa sortitio, divina vero oportunitas, ut, quae cuique apta esset, ea cuique obveniret!

Praeclare igitur facitis, tribuni pl., qui de praesidio consulum senatusque referatis, meritoque vestro maximas vobis gratias omnes et agere et habere debemus. Qui enim periculo carere possumus in tanta hominum cupiditate et audacia? Ille autem homo adflictus et perditus quae de se expectat iudicia graviora quam amicorum suorum? Familiarissimus eius, mihi homo coniunctus, L. Lentulus, et P. Naso omni carens cupiditate nullam se habere provinciam, nullam Antoni sortitionem fuisse iudicaverunt. Quod idem fecit L. Philippus, vir patre, avo maioribusque suis dignissimus; in eadem sententia fuit homo

summa integritate atque innocentia, C. Turranius; idem fecit
Sp.Oppius; ipsi etiam, qui amicitiam M. Antoni veriti plus ei
tribuerunt, quam fortasse vellent, M. Piso, necessarius meus et vir
et civis egregius, parique innocentia M. Vehilius senatus auctoritati
se optemperaturos esse dixerunt.

Quid ego de L. Cinna loquar? cuius spectata multis magnisque
rebus singularis integritas minus admirabilem facit huius
honestissimi facti gloriam; qui omnino provinciam neglexit; quam
item magno animo et constanti C. Cestius repudiavit. Qui sunt
igitur reliqui, quos sors divina delectet? + L. Annius, M. Antonius. O
felicem utrumque! nihil enim maluerunt. C. Antonius Macedoniam.
Hunc quoque felicem! hanc enim habebat semper in ore
provinciam. C. Calvisius Africam. Nihil felicius! modo enim ex
Africa decesserat et quasi divinans se rediturum duos legatos
Uticae reliquerat. Deinde M. +Cusini Sicilia, Q. Cassi Hispania. Non
habeo, quid suspicer; duarum credo provinciarum sortes minus
divinas fuisse.

O C. Caesar (adulescentem appello), quam tu salutem rei
publicae adtulisti, quam inprovisam, quam repentinam! Qui enim
haec fugiens fecerit, quid faceret insequens? Etenim in contione
dixerat se custodem fore urbis seque usque ad Kalendas Maias ad
urbem exercitum habiturum. O praeclarum custodem ovium, ut
aiunt, lupum! Custosne urbis an direptor et vexator esset
Antonius? Et quidem se introiturum in urbem dixit exiturumque,
cum vellet. Quid? Illud nonne audiente populo sedens pro aede
Castoris dixit, nisi qui vicisset, victurum neminem?

Hodierno die primum patres conscripti longo intervallo in
possessione libertatis pedem ponimus, cuius quidem ego, quoad
potui, non modo defensor sed etiam conservator fui. Cum autem id
facere non possem, quievi, nec abiecte nec sine aliqua dignitate
casum illum temporum et dolorem tuli. Hanc vero taeterrimam
beluam quis ferre potest aut quo modo? Quid est in Antonio
praeter libidinem, crudelitatem, petulantiam, audaciam? Ex his
totus vitiis conglutinatus est. Nihil apparet in eo ingenuum, nihil
moderatum, nihil pudens, nihil pudicum.

Quapropter, quoniam res in id discrimen adducta est, utrum ille
poenas rei publicae luat, an nos serviamus, aliquando, per deos
immortales, patres conscripti, patrium animum virtutemque
capiamus, ut aut libertatem propria Romani et generis et nominis
reciperemus aut mortem servituti anteponamus! Multa, quae in
libera civitate ferenda non essent, tulimus et perpessi sumus, alii

spe forsitan reciperandae libertatis, alii vivendi nimia cupiditate; sed, si illa tulimus, quae nos necessitas ferre coegit, quae vis quaedam paene fatalis, (quae tamen ipsa non tulimus) etiamne huius impuri latronis feremus taeterrimum crudelissimumque dominatum? Quid hic faciet, si poterit, iratus, qui cum suscensere nemini posset, omnibus bonis fuerit inimicus? quid hic victor non audebit, qui nullam adeptus victoriam tanta scelera post Caesaris interitum fecerit, refertam eius domum exhauserit, hortos conpilaverit, ad se ex iis omnia ornamenta transtulerit, caedis et incendiorum causam quaesierit ex funere, duobus aut tribus senatus consultis bene et e re publica factis reliquas res ad lucrum praedamque revocaverit, vendiderit immunitates, civitates liberaverit, provincias universas ex imperii populi Romani iure sustulerit, exules reduxerit, falsas leges C. Caesaris nomine et falsa decreta in aes incidenda et in Capitolio figenda curaverit earumque rerum omnium domesticum mercatum instituerit, populo Romano leges imposuerit, armis et praesidiis populum et magistratus foro excluserit,

senatum stiparit armatis, armatos in cella Concordiae, cum senatum haberet, incluserit, ad legiones Brundisium cucurrerit, ex iis optime sentientis centuriones iugulaverit, cum exercitu Romam sit ad interitum nostrum et ad dispertitionem urbis venire conatus? Atque is ab hoc impetu abstractus consilio et copiis Caesaris, consensu veteranorum, virtute legionum, ne fortuna quidem fractus minuit audaciam nec ruere demens nec furere desinit. In Galliam mutilatum ducit exercitum, cum una legione, et ea vacillante, L. fratrem expectat, quo neminem reperire potest sui similiorem. Ille autem ex myrmillone dux, ex gladiatore imperator quas effecit strages, ubicumque posuit vestigium! Fundit apothecas, caedit greges armentorum reliquique pecoris, quodcumque nactus est; epulantur milites; ipse autem se, ut fratrem imitetur, obruit vino; vastantur agri, diripiuntur villae; matres familiae, virgines, pueri ingenui abripiuntur, militibus traduntur. Haec eadem, quacumque exercitum duxit, fecit M. Antonius.

His vos taeterrimis fratribus portas aperietis, hos umquam in urbem recipietis? non tempore oblato, ducibus paratis, animis militum incitatis, populo Romano conspirante, Italia tota ad libertatem reciperandam excitata deorum immortalium beneficio utemini? Nullum erit tempus hoc amisso. A tergo, fronte, lateribus tenebitur, si in Galliam venerit. Nec ille armis solum, sed etiam decretis nostris urguendus est. Magna vis est, magnum numen unum et idem sentientis senatus. Videtisne refertum forum populumque Romanum ad spem reciperandae libertatis erectum? qui longo intervallo cum frequentis hic videt nos, tum sperat etiam liberos convenisse.

Hunc ego diem expectans M. Antoni scelerata arma vitavi, tum cum ille in me absentem invehens non intellegebat, ad quod tempus me et meas vires reservarem. Si enim tum illi caedis a me initium quaerenti respondere voluissem, nunc rei publicae consulere non possem. Hanc vero nactus facultatem nullum tempus, patres conscripti, dimittam neque diurnum neque nocturnum, quin de libertate populi Romani et dignitate vestra, quod cogitandum sit, cogitem, quod agendum atque faciendum, id non modo non recusem, sed etiam appetam atque deposcam. Hoc feci, dum licuit; intermisi, quoad non licuit. Iam non solum licet, sed etiam necesse est, nisi servire malumus quam, ne serviamus, armis animisque decernere.

Di immortales nobis haec praesidia dederunt, urbi Caesarem, Brutum Galliae. Si enim ille opprimere urbem potuisset, statim, si Galliam tenere, paulo post optimo cuique pereundum erat, reliquis serviendum. Hanc igitur occasionem oblatam tenete, per deos immortales, patres conscripti, et amplissimi orbis terrae consilii principes vos esse aliquando recordamini! Signum date populo Romano consilium vestrum non deesse rei publicae, quoniam ille virtutem suam non defuturam esse profitetur. Nihil est, quod moneam vos. Nemo est tam stultus, qui non intellegat, si indormierimus huic tempori, non modo crudelem superbamque dominationem nobis, sed ignominiosam etiam et flagitiosam ferendam esse.

Nostis insolentiam Antoni, nostis amicos, nostis totam domum. Libidinosis, petulantibus, impuris, impudicis, aleatoribus, ebriis servire, ea summa miseria est summo dedecore coniuncta. Quodsi iam, quod di omen avertant! fatum extremum rei publicae venit, quod gladiatores nobiles faciunt, ut honeste decumbant, faciamus nos principes orbis terrarum gentiumque omnium, ut cum dignitate potius cadamus quam cum ignominia serviamus.

Nihil est detestabilius dedecore, nihil foedius servitute. Ad decus et ad libertatem nati sumus; aut haec teneamus aut cum dignitate moriamur. Nimium diu teximus, quid sentiremus; nunc iam apertum est; omnes patefaciunt, in utramque partem quid sentiant, quid velint. Sunt impii cives, sed pro caritate rei publicae nimium multi, contra multitudinem bene sentientium admodum pauci; quorum opprimendorum di immortales incredibilem rei publicae potestatem et fortunam dederunt. Ad ea enim praesidia, quae habemus, iam accedent consules summa prudentia, virtute, concordia multos menses de populi Romani libertate commentati atque meditati. His auctoribus et ducibus, dis iuvantibus, nobis vigilantibus et multum in posterum providentibus, populo Romano consentiente erimus profecto liberi brevi tempore. Iucundiorem autem faciet libertatem servitutis recordatio.

Quas ob res, quod tribuni pl. verba fecerunt, uti senatus Kalendis Ianuariis tuto haberi sententiaeque de summa re publica libere dici possint, de ea re ita censeo, uti C. Pansa A. Hirtius, consules designati, dent operam, uti senatus Kalendis Ianuariis tuto haberi possit. Quodque edictum D. Bruti imperatoris, consulis designati, propositum sit, senatum existimare D. Brutum imperatorem, consulem designatum, optime de re publica mereri, cum senatus auctoritatem populique Romani libertatem imperiumque defendat;

quodque provinciam Galliam citeriorem optimorum et fortissimorum virorum amicissimorumque rei publicae civium exercitumque in senatus potestate retineat, id eum exercitumque eius, municipia, colonias provinciae Galliae recte atque ordine exque re publica fecisse et facere. Senatum ad summam rem publicam pertinere arbitrari ab D. Bruto et L. Planco imperatoribus, consulibus designatis, itemque a ceteris, qui provincias optinent, optineri ex lege Iulia, quoad ex senatus consulto cuique eorum successum sit, eosque dare operam, ut eae provinciae atque exercitus in senati populique Romani potestate praesidioque rei publicae sint. Cumque opera, virtute, consilio C. Caesaris summoque consensu militum veteranorum, qui eius auctoritatem secuti rei publicae praesidio sunt et fuerunt, a gravissimis periculis populus Romanus defensus sit et hoc tempore defendatur;

cumque legio Martia Albae constiterit, in municipio fidelissimo et fortissimo, seseque ad senatus auctoritatem populique Romani libertatem contulerit; et quod pari consilio eademque virtute legio quarta usa L. Egnatuleio quaestore duce, civi egregio, senatus auctoritatem populique Romani libertatem defendat ac defenderit: senatui magnae curae esse ac fore, ut pro tantis eorum in rem publicam meritis honores eis habeantur gratiaeque referantur. Senatui placere, uti C. Pansa A. Hirtius, consules designati, cum magistratum inissent, si eis videretur, primo quoque tempore de his rebus ad hunc ordinem referrent, ita uti e re publica fideque sua videretur.

PHILIPPICA QVARTA

Frequentia vestrum incredibilis, Quirites, contioque tanta, quantam meminisse non videor, et alacritatem mihi summam defendendae rei publicae adfert et spem recuperandae. Quamquam animus mihi quidem numquam defuit, tempora defuerunt, quae simul ac primum aliquid lucis ostendere visa sunt, princeps vestrae libertatis defendendae fui. Quodsi id ante facere conatus essem, nunc facere non possem. Hodierno enim die, Quirites, ne mediocrem rem actam arbitremini, fundamenta iacta sunt reliquarum actionum. Nam est hostis a senatu nondum verbo adpellatus, sed re iam iudicatus Antonius.

Num vero multo sum erectior, quod vos quoque illum hostem esse tanto consensu tantoque clamore adprobavistis. Neque enim, Quirites, fieri potest, ut non aut ii sint impii, qui contra consulem exercitus comparaverunt, aut ille hostis, contra quem iure arma sumpta sunt. Hanc igitur dubitationem, quamquam nulla erat, tamen ne qua posset esse, senatus hodierno die sustulit. C. Caesar, qui rem publicam libertatemque vestram suo studio, consilio, patrimonio denique tutatus est et tutatur, maximis senatus laudibus ornatus est.

Laudo, laudo vos, Quirites, quod gratissimis animis prosequimini nomen clarissimi adulescentis vel pueri potius (sunt enim facta eius immortalitatis, nomen aetatis. Multa memini, multa audivi, multa legi, Quirites; nihil ex omnium saeculorum memoria tale cognovi), qui, cum servitute premeremur, in dies malum cresceret, praesidii nihil haberemus, capitalem et pestiferum a Brundisio tum M. Antoni reditum timeremus, hoc insperatum omnibus consilium, incognitum certe ceperit, ut exercitum invictum ex paternis militibus conficeret Antonique furorem crudelissimis consiliis incitatum a pernicie rei publicae averteret.

Quis est enim, qui hoc non intellegat, nisi Caesar exercitum paravisset, non sine exitio nostro futurum Antoni reditum fuisse? Ita enim se recipiebat ardens odio vestri, cruentus sanguine civium Romanorum, quos Suessae, quos Brundisi occiderat, ut nihil nisi de pernicie populi Romani cogitaret. Quod autem praesidium erat salutis libertatisque vestrae, si C. Caesaris fortissimorum sui patris militum exercitus non fuisset? Cuius de laudibus et honoribus, qui ei pro divinis et immortalibus meritis divini immortalesque debentur, mihi senatus adsensus paulo ante decrevit ut primo quoque tempore referretur.

Quo decreto quis non perspicit hostem esse Antonium iudicatum? Quem enim possumus appellare eum, contra quem qui exercitus ducunt, iis senatus arbitratur singulares exquirendos honores? Quid? legio Martia, quae mihi videtur divinitus ab eo deo traxisse nomen, a quo populum Romanum generatum accepimus, non ipsa suis decretis prius quam senatus hostem iudicavit Antonium? Nam, si ille non hostis, hos, qui consulem reliquerunt, hostes necesse est iudicemus. Praeclare et loco, Quirites, reclamatione vestra factum pulcherrimum Martialium conprobavistis; qui se ad senatus auctoritatem, ad libertatem vestram, ad universam rem publicam contulerunt, hostem illum et latronem et parricidam patriae reliquerunt.

Nec solum id animose et fortiter, sed considerate etiam sapienterque fecerunt; Albae constiterunt, in urbe opportuna, munita, propinqua, fortissimorum virorum, fidelissimorum civium atque optimorum. Huius Martiae legionis legio quarta imitata virtutem duce L.Egnatuleio, quem senatus merito paulo ante laudavit, C. Caesaris exercitum persecuta est. Quae expectas, M. Antoni, iudicia graviora? Caesar fertur in caelum, qui contra te exercitum comparavit; laudantur exquisitissimis verbis legiones, quae te reliquerunt, quae a te arcessitae sunt, quae essent, si te consulem quam hostem maluisses, tuae; quarum legionum fortissimum verissimumque iudicium confirmat senatus, conprobat universus populus Romanus; nisi forte vos, Quirites, consulem, non hostem iudicatis Antonium.

Sic arbitrabar, Quirites, vos iudicare, ut ostenditis. Quid? Municipia, colonias, praefecturas num aliter iudicare censetis? Omnes mortales una mente consentiunt omnia arma eorum, qui haec salva velint, contra illam pestem esse capienda. Quid? D. Bruti iudicium, Quirites, quod ex odierno eius edicto perspicere potuistis, num cui tandem contemnendum videtur? Recte et vere negatis, Quirites. Est enim quasi deorum immortalium beneficio et munere datum rei publicae Brutorum genus et nomen ad libertatem populi Romani vel constituendam vel recipiendam. Quid igitur D. Brutus de M. Antonio iudicavit?

Excludit provincia, exercitu obsistit, Galliam totam hortatur ad bellum ipsam sua sponte suoque iudicio excitatam. Si consul Antonius, Brutus hostis; si conservator rei publicae Brutus, hostis Antonius. Num igitur, utrum horum sit, dubitare possumus? Atque ut vos una mente unaque voce dubitare vos negatis, sic modo decrevit senatus D. Brutum optime de re publica mereri, cum senatus auctoritatem populique Romani libertatem imperiumque defenderet. A quo defenderet? Nempe ab hoste; quae est enim alia laudanda defensio? Deinceps laudatur provincia Gallia meritoque ornatur verbis amplissimis ab senatu, quod resistat Antonio. Quem si consulem illa provincia putaret neque eum reciperet, magno scelere se adstringeret; omnes enim in consulis iure et imperio debent esse provinciae. Negat hoc D. Brutus imperator, consul designatus, natus rei publicae civis, negat Gallia, negat cuncta Italia, negat senatus, negatis vos. Quis illum igitur consulem nisi latrones putant? Quamquam ne ii quidem ipsi, quod locuntur, id sentiunt nec ab iudicio omnium mortalium, quamvis impii nefariique sint, sicut sunt, dissentire possunt. Sed spes rapiendi atque praedandi obcaecat animos eorum, quos non bonorum donatio, non agrorum adsignatio, non illa infinita hasta satiavit; qui sibi urbem, qui bona et fortunas civium ad praedam proposuerunt; qui, dum hic sit, quod rapiant, quod auferant, nihil sibi defuturum arbitrantur; quibus M. Antonius (o di immortales, avertite et detestamini, quaeso, hoc omen!) urbem se divisurum esse promisit.

Ita vero, Quirites, ut precamini, eveniat, atque huius amentiae poena in ipsum familiamque eius recidat! Quod ita futurum esse confido. Iam enim non solum homines, sed etiam deos immortales ad rem publicam conservandam arbitror consensisse. Sive enim prodigiis atque portentis di immortales nobis futura praedicunt, ita sunt aperte pronuntiata, ut et illi poena et nobis libertas adpropinquet, sive tantus consensus omnium sine inpulsu deorum esse non potuit, quid est, quod de voluntate caelestium dubitare possimus?

Reliquum est, Quirites, ut vos in ista sententia, quam prae vobis fertis, perseveretis. Faciam igitur, ut imperatores instructa acie solent, quamquam paratissimos milites ad proeliandum videant, ut eos tamen adhortentur, sic ego vos ardentes et erectos ad libertatem reciperandam cohortabor. Non est vobis, Quirites, cum eo hoste certamen, cum quo aliqua pacis condicio esse possit. Neque enim ille servitutem vestram ut antea, sed iam iratus sanguinem concupivit. Nullus ei ludus videtur esse iucundior quam cruor, quam caedes, quam ante oculos trucidatio civium.

Non est vobis res, Quirites, cum scelerato homine ac nefario, sed cum immani taetraque belua, quae quoniam in foveam incidit, obruatur. Si enim illinc emerserit, nullius supplicii crudelitas erit recusanda. Sed tenetur, premitur, urguetur nunc iis copiis, quas iam habemus, mox iis, quas paucis diebus novi consules comparabunt. Incumbite in causam, Quirites, ut facitis. Numquam maior consensus vester in ulla causa fuit, numquam tam vehementer cum senatu consociati fuistis. Nec mirum; agitur enim, non qua condicione victuri, sed victurine simus an cum supplicio ignominiaque perituri.

Quamquam mortem quidem natura omnibus proposuit, crudelitatem mortis et dedecus virtus propulsare solet, quae propria est Romani generis et seminis. Hanc retinete, quaeso, quam vobis tamquam hereditatem maiores vestri reliquerunt. Nam cum alia omnia falsa, incerta sint, caduca, mobilia, virtus est una altissimis defixa radicibus; quae numquam vi ulla labefactari potest, numquam demoveri loco. Hac virtute maiores vestri primum universam Italiam devicerunt, deinde Karthaginem exciderunt, Numantiam everterunt, potentissimos reges, bellicosissimas gentes in dicionem huius imperii redegerunt.

Ac maioribus quidem vestri, Quirites, cum eo hoste res erat, qui haberet rem publicam, curiam, aerarium, consensum et concordiam civium, rationem aliquam, si ita res tulisset, pacis et foederis; hic vester hostis vestram rem publicam oppugnat, ipse habet nullam; senatum, id est orbis terrae consilium, delere gestit, ipse consilium publicum nullum habet; aerarium vestrum exhausit, suum non habet; nam concordiam civium qui habere potest, nullam cum habet civitatem? pacis vero quae potest esse cum eo ratio, in quo est incredibilis crudelitas, fides nulla?

Est igitur, Quirites, populo Romano, victori omnium gentium, omne certamen cum percussore, cum latrone, cum Spartaco. Nam quod se similem esse Catilinae gloriari solet, scelere par est illi, industria inferior. Ille cum exercitum nullum habuisset, repente conflavit; hic eum exercitum, quem accepit, amisit. Ut igitur Catilinam diligentia mea, senatus auctoritate, vestro studio et virtute fregistis, sic Antoni nefarium latrocinium vestra cum senatu concordia tanta, quanta numquam fuit, felicitate et virtute exercituum ducumque vestrorum brevi tempore oppressum audietis.

Equidem quantum cura, labore, vigiliis, auctoritate, consilio eniti atque efficere potero, nihil praetermittam, quod ad libertatem vestram pertinere arbitrabor; neque enim id pro vestris amplissimis in me beneficiis sine scelere facere possum. Hodierno autem die primum referente viro fortissimo vobisque amicissimo, hoc M. Servilio, collegisque eius, ornatissimis viris, optimis civibus, longo intervallo me auctore et principe ad spem libertatis exarsimus.

PHILIPPICA QVINTA

Nihil umquam longius his Kalendis Ianuariis mihi visum est, patres conscripti: quod idem intellegebam per hos dies uni cuique vestrum videri. Qui enim bellum cum re publica gerunt, hunc diem non exspectabant; nos autem tum, cum maxime consilio nostro subvenire communi saluti oporteret, in senatum non vocabamur. Sed querellam praeteritorum dierum sustulit oratio consulum, qui ita locuti sunt ut, magis exoptatae Kalendae quam serae esse videantur. Atque ut oratio consulum animum meum erexit spemque attulit non modo salutis conservandae, verum etiam dignitatis pristinae reciperandae, sic me perturbasset eius sententia, qui primus rogatus est, nisi vestrae virtuti constantiaeque confiderem.

Hic enim dies vobis, patres conscripti, inluxit, haec potestas data est, ut, quantum virtutis, quantum constantiae, quantum gravitatis in huius ordinis consilio esset, populo Romano declarare possetis. Recordamini, qui dies nudius tertius decimus fuerit, quantus consensus vestrum, quanta virtus, quanta constantia, quantam sitis a populo Romano laudem, quantam gloriam, quantam gratiam consecuti. Atque illo die, patres conscripti, ea constituistis, ut vobis iam nihil sit integrum nisi aut honesta pax aut bellum necessarium.

Pacem vult M. Antonius; arma deponat, roget, deprecetur. Neminem aequiorem reperiet quam me, cui, dum se civibus impiis commendat, inimicus quam amicus esse maluit. Nihil est profecto, quod possit dari bellum gerenti; erit fortasse aliquid, quod concedi possit roganti; legatos vero ad eum mittere, de quo gravissimum et severissimum iudicium nudius tertius decimus feceritis, non iam levitatis est, sed ut, quod sentio dicam, dementiae. Primum duces eos laudavistis, qui contra illum bellum privato consilio suscepissent, deinde milites veteranos, qui cum ab Antonio in colonias essent deducti, illius beneficio libertatem populi Romani anteposuerunt.

Quid? legio Martia, quid? quarta cur laudantur? si enim consulem suum reliquerunt, vituperandae sunt, si inimicum rei publicae, iure laudantur. Atqui, cum consules nondum haberetis, decrevistis, ut et de praemiis militum et de honoribus imperatorum primo quoque tempore referretur. Placet eodem tempore praemia constituere eis, qui contra Antonium arma ceperint, et legatos ad Antonium mittere? ut iam pudendum si honestiora decreta esse legionum quam senatus, siquidem legiones decreverunt senatum defendere contra Antonium, senatus decernit legatos ad Antonium. Utrum hoc est confirmare militum animos an debilitare virtutem?

Hoc dies duodecim profecerunt, ut, quem nemo praeter Cotylam inventus sit qui defenderet, is habeat iam patronos etiam consulares? Qui utinam omnes ante me sententiam rogarentur! (quamquam suspicor, quid dicturi sint quidam eorum, qui post me rogabuntur) facilius contra dicerem, si quid videretur. Est enim opinio decreturum aliquem Antonio illam ultimam Galliam, quam Plancus obtinet. Quid est aliud omnia ad bellum civile hosti arma largiri, primum nervos belli, pecuniam infinitam, qua nunc eget, deinde equitatum, quantum velit? Equitatum dico; dubitabit, credo, gentis barbaras secum adducere. Hoc qui non videt, excors, qui, cum videt, decernit, impius est.

Tu civem sceleratum et perditum Gallorum et Germanorum pecunia, peditatu, equitatu, copiis instrues? Nullae istae excusationes sunt: 'Meus amicus est.' Sit patriae prius. 'Meus cognatus.' An potest cognatio propior ulla esse quam patriae, in qua parentes etiam continentur? 'Mihi pecuniam tribuit.' Cupio videre, qui id audeat dicere. Quid autem agatur, cum aperuero, facile erit statuere, quam sententiam dicatis aut quam sequamini. Agitur, utrum M. Antonio facultas detur opprimendae rei publicae, caedis faciendae bonorum, urbis dividundae, agrorum suis latronibus condonandi, populum Romanum servitute opprimendi, an horum ei facere nihil liceat. Dubitate, quid agatis. At non cadunt haec in Antonium.

Hoc ne Cotyla quidem dicere auderet. Quid enim in eum non cadit, qui, cuius acta se defendere dicit, eius eas leges pervertit, quas maxime laudare poteramus? Ille paludes siccare voluit, hic omnem Italiam moderato homini, L. Antonio, dividendam dedit. Quid? hanc legem populus Romanus accepit, quid? per auspicia ferri potuit? Silet augur verecundus sine collegis de auspiciis. Quamquam illa auspicia non egent interpretatione; Iove enim tonante cum populo agi non esse fas quis ignorat? Tribuni plebi tulerunt de provinciis contra acta C. Caesaris, ille biennium, hi sexennium. Etiam hanc legem populus Romanus accepit? quid?

promulgata fuit, quid? non ante lata quam scripta est, quid? non ante factum vidimus, quam futurum quisquam est suspicatus?

Ubi lex Caecilia et Didia, ubi promulgatio trinum nundinum, ubi poena recenti lege Iunia et Licinia? Possuntne hae leges esse ratae sine interitu legum reliquarum? Eccui potestas in forum insinuandi fuit? Quae porro illa tonitrua, quae tempestas! ut, si auspicia M. Antonium non moverent, sustinere tamen eum ac ferre posse tantam vim tempestatis imbris ac turbinum mirum videretur. Quam legem igitur se augur dicit tulisse non modo tonante Iove, sed prope caelesti clamore prohibente, hanc dubitabit contra auspicia latam confiteri?

Quid? quod cum eo collega tulit, quem ipse fecit sua nuntiatione vitiosum, nihilne ad auspicia bonus augur pertinere arbitratus est? Sed auspiciorum nos fortasse erimus interpretes, qui sumus eius collegae; num ergo etiam armorum interpretes quaerimus? Primum omnes fori aditus ita saepti, ut, etiamsi nemo obstaret armatus, tamen nisi saeptis revolsis introiri in forum nullo modo posset; sic vero erant disposita praesidia, ut, quo modo hostium aditus urbe prohibentur castellis et operibus, ita ab ingressione fori populum tribunosque plebi propulsari videres.

Quibus de causis eas leges, quas M. Antonius tulisse dicitur, omnes censeo per vim et contra auspicia latas iisque legibus populum non teneri. Si quam legem de actis Caesaris confirmandis deve dictatura in perpetuum tollenda deve coloniis in agros deducendis tulisse M. Antonius dicitur, easdem leges de integro, ut populum teneant, salvis auspiciis ferri placet. Quamvis enim res bonas vitiose per vimque tulerit, tamen eae leges non sunt habendae, omnisque audacia gladiatoris amentis auctoritate nostra repudianda est.

Illa vero dissipatio pecuniae publicae ferenda nullo modo est, per quam sestertium septiens miliens falsis perscriptionibus donationibusque avertit, ut portenti simile videatur tantam pecuniam populi Romani tam brevi tempore perire potuisse. Quid? illi immanes quaestus ferendine, quos M. Antoni +tota exhausit domus? Decreta falsa vendebat, regna, civitates, immunitates in aes accepta pecunia iubebat incidi. Haec se ex commentariis C. Caesaris, quorum ipse auctor erat, agere dicebat. Calebant in interiore aedium parte totius rei publicae nundinae; mulier sibi felicior quam viris auctionem provinciarum regnorumque faciebat; restituebantur exules quasi lege sine lege; quae nisi auctoritate senatus rescinduntur, quoniam ingressi in spem rei publicae recuperandae sumus, imago nulla liberae civitatis relinquetur. Neque solum commentariis commenticiis chirographisque venalibus innumerabilis pecunia congesta in illam domum est, cum, quae vendebat Antonius, ea se ex actis Caesaris agere diceret, sed senatus etiam consulta pecunia accepta falsa referebat: syngraphae obsignabantur, senatus consulta numquam facta ad aerarium deferebantur. Huius turpitudinis testes erant etiam exterae nationes. Foedera interea facta, regna data, populi provinciaeque liberatae, ipsarumque rerum falsae tabulae gemente populo Romano toto Capitolio figebantur. Quibus rebus tanta pecunia una in domo coacervata est, ut, si hoc genus pecuniae in aerarium redigatur, non sit pecunia rei publicae defutura. Legem etiam iudiciariam tulit homo castus atque integer iudiciorum et iuris auctor. In quo nos fefellit. Antesignanos et manipulares et Alaudas iudices se constituisse dicebat; at ille legit aleatores, legit exules, legit Graecos (o consessum iudicum praeclarum, o dignitatem consilii admirandam!

Avet animus apud consilium illud pro reo dicere!), Cydam Cretensem, portentum insulae, hominem audacissimum et perditissimum. Sed fac non esse; num Latine scit? num est ex iudicum genere et forma? num, quod maximum est, leges nostras moresve novit, num denique homines? Est enim Creta vobis notior quam Roma Cydae. Dilectus autem et notatio iudicum etiam in nostris civibus haberi solet; Gortynium vero iudicem quis novit aut quis nosse potuit? Nam Lysiaden Atheniensem plerique novimus; est enim Phaedri, philosophi nobilis, filius, homo praeterea festivus, ut ei cum Curio consessore eodemque conlusore facillume possit convenire.

Quaero igitur: Si Lysiades citatus iudex non responderit excuseturque Areopagites esse nec debere eodem tempore Romae et Athenis res iudicare, accipietne excusationem is, qui quaestioni praeerit, Graeculi iudicis modo palliati, modo togati? An Atheniensium antiquissimas leges negleget? Qui porro ille consessus, di boni! Cretensis iudex, isque nequissimus. Quem ad modum ad hunc reus alleget, quo modo accedat? Dura natio est. At Athenienses misericordes. Puto ne Curium quidem esse crudelem, qui periculum fortunae cotidie facit. Sunt item lecti iudices, qui fortasse excusabuntur; habent enim legitimam excusationem, exsilii causa solum vertisse nec esse postea restitutos.

Hos ille demens iudices legisset, horum nomina ad aerarium detulisset, his magnam partem rei publicae credidisset, si ullam speciem rei publicae cogitavisset? Atque ego de notis iudicibus dixi; quos minus nostis, nolui nominare; saltatores, citharistas, totum denique comissationis Antonianae chorum in tertiam decuriam iudicum scitote esse coniectum. Em causam, cur lex tam egregia tamque praeclara maximo imbri, tempestate, ventis, procellis, turbinibus, inter fulmina et tonitrua ferretur, ut eos iudices haberemus, quos hospites habere nemo velit. Scelerum magnitudo, conscientia maleficiorum, direptio eius pecuniae, cuius ratio in aede Opis confecta est, hanc tertiam decuriam excogitavit; nec ante turpes iudices quaesiti, quam honestis iudicibus nocentium salus desperata est.

Sed illud os, illam impuritatem caeni fuisse, ut hos iudices legere auderet! quorum lectione duplex imprimeretur rei publicae dedecus, unum, quod tam turpes iudices essent, alterum, quod patefactum cognitumque esset, quam multos in civitate turpis haberemus. Hanc ergo et reliquas eius modi leges, etiamsi sine vi salvis auspiciis essent rogatae, censerem tamen abrogandas; nunc vero cur abrogandas censeam, quas iudico non rogatas?

An illa non gravissimis ignominiis monumentisque huius ordinis ad posteritatis memoriam sunt notanda, quod unus M. Antonius in hac urbe post conditam urbem palam secum habuerit armatos? quod neque reges nostri fecerunt neque ii, qui regibus exactis regnum occupare voluerunt. Cinnam memini, vidi Sullam, modo Caesarem; hi enim tres post civitatem a L. Bruto liberatam plus potuerunt quam universa res publica. Non possum adfirmare nullis telis eos stipatos fuisse, hoc dico: nec multis et occultis.

At hanc pestem agmen armatorum sequebatur; Cassius, Mustela, Tiro, gladios ostentantes sui similes greges ducebant per forum; certum agminis locum tenebant barbari sagittarii. Cum autem erat ventum ad aedem Concordiae, gradus conplebantur, lecticae conlocabantur, non quo ille scuta occulta esse vellet, sed ne familiares, si scuta ipsi ferrent, laborarent. Illud vero taeterrimum non modo aspectu, sed etiam auditu, in cella Concordiae conlocari armatos, latrones, sicarios, de templo carcerem fieri, opertis valvis Concordiae, cum inter subsellia senatus versarentur latrones, patres conscriptos sententias dicere.

Huc nisi venirem Kalendis Septembribus, etiam fabros se missurum et domum meam disturbaturum esse dixit. Magna res, credo, agebatur; de supplicatione referebat. Veni postridie, ipse non venit. Locutus sum de re publica minus equidem libere, quam mea consuetudo, liberius tamen, quam periculi minae postulabant.

At ille homo vehemens et violentus, qui hanc consuetudinem libere dicendi excluderet (fecerat enim hoc idem maxima cum laude L. Piso triginta diebus ante), inimicitias mihi denuntiavit, adesse in senatum iussit a d. XIII Kalendas Octobres. Ipse interea septemdecim dies de me in Tiburtino Scipionis declamitavit sitim quaerens; haec enim ei causa esse declamandi solet.

Cum is dies, quo me adesse iusserat, venisset, tum vero agmine quadrato in aedem Concordiae venit atque in me apsentem orationem ex ore impurissimo evomuit. Quo die si per amicos mihi cupienti in senatum venire licuisset, caedis initium fecisset a me (sic enim statuerat); cum autem semel gladium scelere imbuisset, nulla res ei finem caedendi nisi defatigatio et satietas attulisset. Etenim aderat Lucius frater, gladiator Asiaticus, qui myrmillo Mylasis depugnarat; sanguinem nostrum sitiebat, suum in illa gladiatoria pugna multum profuderat. Hic pecunias vestras aestimabat, possessiones notabat et urbanas et rusticas; huius mendicitas aviditate coniuncta in fortunas nostras imminebat; dividebat agros, quibus et quos volebat; nullus aditus erat privato, nulla aequitatis deprecatio. Tantum quisque habebat possessor, quantum reliquerat divisor Antonius.

Quae quamquam, si leges irritas feceretis, rata esse non possunt, tamen separatim suo nomine notanda censeo iudicandumque nullos septemviros fuisse, nihil placere ratum esse, quod ab iis actum diceretur. M. vero Antonium quis est qui civem possit iudicare potius quam taeterrimum et crudelissimum hostem, qui pro aede Castoris sedens audiente populo Romano dixerit nisi victorem victurum neminem? Num putatis, patres conscripti, dixisse eum minacius quam facturum fuisse? Quid vero? quod in contione dicere ausus est se, cum magistratu abisset, ad urbem futurum cum exercitu, introiturum, quotienscumque vellet, quid erat aliud nisi denuntiare populo Romano servitutem?

Quod autem eius iter Brundisium, quae festinatio, quae spes, nisi ad urbem vel in urbem potius exercitum maximum adduceret? Qui autem dilectus centurionum, quae effrenatio inpotentis animi! Cum eius promissis legiones fortissimae reclamassent, domum ad se venire iussit centuriones, quos bene sentire de re publica cognoverat, eosque ante pedes suos uxorisque suae, quam secum gravis imperator ad exercitum duxerat, iugulari coegit. Quo animo hunc futurum fuisse censetis in nos, quos oderat, cum in eos, quos numquam viderat, tam crudelis fuisset, et quam avidum in pecuniis locupletium, qui pauperum sanguinem concupisset?

quorum ipsorum bona, quantacumque erant, statim suis comitibus compotoribusque discripsit.

Atque ille furens infesta iam patriae signa a Brundisio inferebat, cum C. Caesar deorum immortalium beneficio, divina animi, ingenii, consilii magnitudine, quamquam sua sponte eximiaque virtute, tamen adprobatione auctoritatis meae colonias patrias adiit, veteranos milites convocavit, paucis diebus exercitum fecit, incitatos latronum impetus retardavit. Postea vero quam legio Martia ducem praestantissimum vidit, nihil egit aliud, nisi ut aliquando liberi essemus; quam est imitata quarta legio. IX Quo ille nuntio audito cum senatum vocasset adhibuissetque consularem, qui sua sententia C. Caesarem hostem iudicaret, repente concidit.

Post autem neque sacrificiis sollemnibus factis neque votis nuncupatis non profectus est, sed profugit paludatus. At quo? In provinciam firmissimorum et fortissimorum civium, qui illum, ne si ita quidem venisset, ut nullum bellum inferret, ferre potuissent inpotentem, iracundum, contumeliosum, superbum, semper poscentem, semper rapientem, semper ebrium. At ille, cuius ne pacatam quidem nequitiam quisquam ferre posset, bellum intulit provinciae Galliae, circumsedet Mutinam, firmissimam et splendidissimam populi Romani coloniam, oppugnat D.Brutum imperatorem, consulem designatum, civem non sibi, sed nobis et rei publicae natum.

Ergo Hannibal hostis, civis Antonius? Quid ille fecit hostiliter, quod hic non aut fecerit aut faciat aut moliatur et cogitet? Totum iter Antoniorum quid habuit nisi depopulationes, vastationes, caedis, rapinas? quas non faciebat Hannibal, quia multa ad usum suum reservabat, at hi, qui in horam viverent, non modo de fortunis et de bonis civium, sed ne de utilitate quidem sua cogitaverunt. Ad hunc, di boni! legatos mitti placet? Norunt isti homines formam rei publicae, iura belli, exempla maiorum, cogitant quid populi Romani maiestas, quid senatus severitas postulet? Legatos decernis? Si, ut depreceres, contemnet, si, ut imperes, non audiet; denique, quamvis severa legatis mandata dederimus, nomen ipsum legatorum hunc, quem videmus, populi Romani restinguet ardorem, municipiorum atque Italiae franget animos. Ut omittam haec, quae magna sunt, certe ista legatio moram et tarditatem adferet bello.

Quamvis dicant, quod quosdam audio dicturos: 'Legati proficiscantur: bellum nihilo minus paretur', tamen legatorum nomen ipsum et animos hominum et belli celeritatem morabitur. X

Minimis momentis, patres conscripti, maximae inclinationes temporum fiunt cum in omni casu rei publicae, tum in bello, et maxime civili, quod opinione plerumque et fama gubernatur. Nemo quaeret, quibus cum mandatis legatos miserimus; nomen ipsum legationis ultro missae timoris esse signum videbitur. Recedat a Mutina, desinat oppugnare Brutum, decedat ex Gallia; non est verbis rogandus, cogendus est armis.

Non enim ad Hannibalem mittimus, ut a Sagunto recedat, ad quem miserat olim senatus P. Valerium Flaccum et Q. Baebium Tamphilum (qui, si Hannibal non pareret, Karthaginem ire iussi sunt; nostros quo iubemus ire, si non paruerit Antonius?); ad nostrum civem mittimus, ne imperatorem, ne coloniam populi Romani oppugnet. Itane vero? hoc per legatos rogandum est? Quid interest, per deos immortales! utrum hanc urbem oppugnet an huius urbis propugnaculum, coloniam populi Romani praesidii causa conlocatam? Belli Punici secundi, quod contra maiores nostros Hannibal gessit, causa fuit Sagunti oppugnatio. Recte ad eum legati missi; mittebantur ad Poenum, mittebantur pro Hannibalis hostibus nostris sociis. Quid simile tandem? Nos ad civem mittimus, ne imperatorem populi Romani, ne exercitum, ne coloniam circumsedeat, ne oppugnet, ne agros depopuletur, ne sit hostis?

XI Age, si paruerit, hoc cive uti aut volumus aut possumus? Ante diem XIII Kalendas Ianuarias decretis vestris eum concidistis, constituistis, ut haec ad vos Kalendis Ianuariis referrentur, quae referri videtis, de honoribus et praemiis bene de re publica meritorum et merentium: quorum principem iudicastis eum, qui fuit, C. Caesarem, qui M. Antoni impetus nefarios ab urbe in Galliam avertit; tum milites veteranos, qui primi Caesarem secuti sunt, tum illa caelestis divinasque legiones, Martia et quartam, comprobastis, quibus, cum consulem suum non modo reliquissent, sed bello etiam persequerentur, honores et praemia spopondistis; eodemque die D.Bruti, praestantissimi civis, edicto adlato atque proposito factum eius conlaudastis, quodque ille bellum privato consilio susceperat, id vos auctoritate publica comprobastis.

Quid igitur illo die aliud egistis, nisi ut hostem iudicaretis Antonium? His vestris decretis aut ille vos aequo animo adspicere poterit, aut vos illum sine dolore summo videbitis? Exclusit illum a re publica, distraxit, segregavit non solum scelus ipsius, sed etiam, ut mihi videtur, fortuna quaedam rei publicae. Qui si legatis paruerit Romamque redierit, num quando perditis civibus vexillum, quo concurrant, defuturum putatis? Sed hoc minus vereor; sunt alia, quae magis timeam et cogitem. Numquam parebit ille legatis. Novi hominis insaniam, adrogantiam, novi perdita consilia amicorum, quibus ille est deditus.

Lucius quidem frater eius, utpote qui peregre depugnarit, familiam ducit. Sit per se ipse sanus, quod numquam erit; per hos esse ei tamen non licebit. Teretur interea tempus, belli apparatus refrigescent. Unde est adhuc bellum tractum nisi ex retardatione et mora? Ut primum post discessum latronis vel potius desperatam fugam libere senatus haberi potuit, semper flagitavi, ut convocaremur. Quo die primum convocati sumus, cum designati consules non adessent, ieci sententia mea maximo vestro consensu fundamenta rei publicae serius omnino, quam decuit (nec enim ante potui); sed tamen, si ex eo tempore dies nullus intermissus esset, bellum profecto nullum haberemus.

Omne malum nascens facile opprimitur, inveteratum fit plerumque robustius. Sed tum expectabantur Kalendae Ianuariae, fortasse non recte. XII Verum praeterita omittamus; etiamne hanc moram adferemus, dum proficiscantur legati, dum revertantur? quorum expectatio dubitationem belli adfert. Bello autem dubio quod potest studium esse dilectus? Quam ob rem, patres conscripti, legatorum mentionem nullam censeo faciendam; rem administrandam arbitror sine ulla mora et confestim gerendam censeo; tumultum decerni, iustitium edici, saga sumi dico oportere, dilectum haberi sublatis vacationibus in urbe et in Italia praeter Galliam totam.

Quae si erunt facta, opinio ipsa et fama nostrae severitatis obruet scelerati gladiatoris amentiam. Sentiet sibi bellum cum re publica esse susceptum, experietur consentientis senatus nervos atque vires; nam nunc quidem partium contentionem esse dictitat. Quarum partium? Alteri victi sunt, alteri sunt e mediis C. Caesaris partibus; nisi forte Caesaris partes a Pansa et Hirtio consulibus et a filio C. Caesaris oppugnari putamus. Hoc vero bellum non est ex dissensione partium, sed ex nefaria spe perditissimorum civium excitatum, quibus bona fortunaeque nostrae notatae sunt et iam ad cuiusque opinionem distributae.

Legi epistulam Antoni, quam ad quendam septemvirum, capitalem hominem, collegam suum, miserat. 'Quid concupiscas, tu videris; quod concupiveris, certe habebis.' Em, ad quem legatos mittamus, cui bellum moremur inferre; qui ne sorti quidem fortunas nostras destinavit, sed libidini cuiusque nos ita addixit, ut ne sibi quidem quicquam integrum, quod non alicui promissum iam sit, reliquerit. Cum hoc, patres conscripti, bello, bello, inquam, decertandum est, idque confestim; legatorum tarditas repudianda est.

Quapropter, ne multa nobis cotidie decernenda sint, consulibus totam rem publicam commendandam censeo iisque permittendum, ut rem publicam defendant provideantque, ne quid res publica detrimenti accipiat, censeoque, ut iis, qui in exercitu M. Antoni sunt, ne sit ea res fraudi, si ante Kalendas Februarias ab eo discesserint. Haec si censueritis, patres conscripti, brevi tempore libertatem populi Romani auctoritatemque vestram recuperabitis. Si autem lenius agetis, tamen eadem, sed fortasse serius decernetis. De re publica, quoad rettulistis, satis decrevisse videor.

XIII Altera res est de honoribus; de quibus deinceps intellego esse dicendum. Sed qui ordo in sententiis rogandis servari solet, eundem tenebo in viris fortibus honorandis. A Bruto igitur consule designato more maiorum capiamus exordium. Cuius ut superiora omittam, quae sunt maxima illa quidem, sed adhuc hominum magis iudiciis quam publice laudata, quibusnam verbis eius laudes huius ipsius temporis consequi possumus? Neque enim ullam mercedem tanta virtus praeter hanc laudis gloriaeque desiderat; qua etiam si careat, tamen sit se ipsa contenta, quamquam in memoria gratorum civium tamquam in luce posita laetetur. Laus igitur iudicii testimoniique nostri tribuenda Bruto est.

Quam ob rem his verbis, patres conscripti, senatus consultum faciendum censeo: 'cum D. Brutus imperator, consul designatus, provinciam Galliam in senatus populique Romani potestate teneat, cumque exercitum tantum tam brevi tempore summo studio municipiorum coloniarumque provinciae Galliae optime de re publica meritae merentisque conscripserit, compararit, id eum recte et ordine exque re publica fecisse, idque D. Bruti praestantissimum meritum in rem publicam senatui populoque Romano gratum esse et fore. Itaque senatum populumque Romanum existimare D. Bruti imperatoris, consulis designati, opera, consilio, virtute incredibilique studio et consensu provinciae Galliae rei publicae difficillumo tempore esse subventum.'

Huic tanto merito Bruti, patres conscripti, tantoque in rem publicam beneficio quis est tantus honos qui non debeatur? Nam, si M. Antonio patuisset Gallia, si oppressis municipiis et coloniis inparatis in illam ultimam Galliam penetrare potuisset, quantus rei publicae terror impenderet? Dubitaret, credo, homo amentissimus atque in omnibus consiliis praeceps et devius non solum cum exercitu suo, sed etiam cum omni immanitate barbariae bellum inferre nobis, ut eius furorem ne Alpium quidem muro cohibere possemus. Haec igitur habenda gratia est D. Bruto, qui illum nondum interposita auctoritate vestra suo consilio atque iudicio non ut consulem recepit, sed ut hostem arcuit Gallia seque obsideri quam hanc urbem maluit. Habeat ergo huius tanti facti tamque praeclari decreto nostro testimonium sempiternum Galliaque, quae semper praesidet atque praesedit huic imperio libertatique communi, merito vereque laudetur, quod se suasque viris non tradidit, sed opposuit Antonio.

XIV Atque etiam M. Lepido pro eius egregiis in rem publicam meritis decernendos honores quam amplissimos censeo. Semper ille populum Romanum liberum voluit maximumque signum illo die dedit voluntatis et iudicii sui, cum Antonio diadema Caesari imponente se avertit gemituque et maestitia declaravit, quantum haberet odium servitutis, quam populum Romanum liberum cuperet, quam illa, quae tulerat, temporum magis necessitate quam iudicio tulisset. Quanta vero is moderatione usus sit in illo tempore civitatis, quod post mortem Caesaris consecutum est, quis nostrum oblivisci potest? Magna haec, sed ad maiora properat oratio.

Quid enim, o di immortales! admirabilius omnibus gentibus, quid optatius populo Romano accidere potuit, quam, cum bellum civile maximum esset, cuius belli exitum omnes timeremus, sapientia et clementia id potius extingui quam armis et ferro rem in discrimen adducere? Quodsi eadem ratio Caesaris fuisset in illo taetro miseroque bello, ut omittam patrem, duos Cn. Pompei, summi et singularis viri, filios incolumis haberemus, quibus certe pietas fraudi esse non debuit. Utinam omnis M. Lepidus servare potuisset! facturum fuisse declaravit in eo, quod potuit, cum Sex. Pompeium restituit civitati, maximum ornamentum rei publicae, clarissimum monumentum clementiae suae. Gravis illa fortuna populi Romani, grave fatum! Pompeio enim patre, quod imperii populi Romani lumen fuit, extincto interfectus est patris simillimus filius.

Sed omnia mihi videntur deorum immortalium iudicio expiata Sex.Pompeio rei publicae conservato. XV Quam ob causam iustam atque magnam, et quod periculosissimum civile bellum maximumque humanitate et sapientia sua M. Lepidus ad pacem concordiamque convertit, senatus consultum his verbis censeo perscribendum: 'cum a M. Lepido imperatore, pontifice maximo, saepe numero res publica et bene et feliciter gesta sit populusque Romanus intellexerit ei dominatum regium maxime displicere, cumque eius opera, virtute, consilio singularique clementia et mansuetudine bellum acerbissimum civile sit restinctum,

Sextusque Pompeius Cn. f. Magnus huius ordinis auctoritate ab armis discesserit et a M. Lepido imperatore, pontifice maximo, summa senatus populique Romani voluntate civitati restitutus sit, senatum populumque Romanum pro maximis plurimisque in rem publicam M. Lepidi meritis magnam spem in eius virtute, auctoritate, felicitate reponere otii, pacis, concordiae, libertatis, eiusque in rem publicam meritorum senatum populumque Romanum memorem fore, eique statuam equestrem inauratam in rostris, aut quo alio loco in foro vellet, ex huius ordinis sententia statui placere.' Qui honos, patres conscripti, mihi maximus videtur, primum quia iustus est; non enim solum datur propter spem temporum reliquorum, sed pro amplissimis meritis redditur; nec vero cuiquam possumus commemorare hunc honorem a senatu tributum iudicio senatus soluto et libero.

Venio ad C. Caesarem, patres conscripti, qui nisi fuisset, quis nostrum esse potuisset? Advolabat ad urbem a Brundisio homo inpotentissimus ardens odio, animo hostili in omnis bonos cum exercitu, Antonius. Quid huius audaciae et sceleri poterat opponi? Nondum ullos duces habebamus, non copias; nullum erat consilium publicum, nulla libertas; dandae cervices erant crudelitati nefariae; fugam quaerebamus omnes, quae ipse exitum non habebat.

Quis tum nobis, quis populo Romano optulit hunc divinum adulescentem deus? qui, cum omnia ad perniciem nostram pestifero illi civi paterent, subito praeter spem omnium exortus prius confecit exercitum, quem furori M. Antoni opponeret, quam quisquam hoc eum cogitare suspicaretur. Magni honores habiti Cn. Pompeio, cum esset adulescens, et quidem iure. Subvenit enim rei publicae, sed aetate multo robustior et militum ducem quaerentium studio paratior et in alio genere belli. Non enim omnibus Sullae causa grata. Declarat multitudo proscriptorum, tot municipiorum maximae calamitates.

Caesar autem annis multis minor veteranos cupientis iam requiescere armavit; eam complexus est causam quae esset senatui, quae populo, quae cunctae Italiae, quae dis hominibusque gratissuma. Et Pompeius ad L. Sullae maximum imperium victoremque exercitum accessit; Caesar se ad neminem adiunxit; ipse princeps exercitus faciendi et praesidi comparandi fuit. Ille adversariorum partibus agrum Picenum habuit inimicum, hic ex Antoni amicis, sed amicioribus libertatis contra Antonium confecit exercitum. Illius opibus Sulla regnavit, huius praesidio Antoni dominatus oppressus est.

Demus igitur imperium Caesari, sine quo res militaris administrari, teneri exercitus, bellum geri non potest; sit pro praetore eo iure, quo qui optimo. Qui honos quamquam est magnus illi aetati, tamen ad necessitatem rerum gerendarum, non solum ad dignitatem valet. Itaque illa quaeramus, quae vix hodierno die consequemur. Sed saepe spero fore huius adulescentis ornandi honorandique et nobis et populo Romano potestatem; hoc autem tempore ita censeo decernendum:

'quod C. Caesar C. f., pontifex, pro praetore, summo rei publicae tempore milites veteranos ad libertatem populi Romani cohortatus sit eosque conscripserit, quodque legio Martia quartaque summo studio optimoque in rem publicam consensu C. Caesare duce et auctore rem publicam, libertatem populi Romani defendant, defenderint, et quod C. Caesar pro praetore Galliae provinciae cum exercitu subsidio profectus sit, equites, sagittarios, elephantos in suam populique Romani potestatem redegerit difficillimoque rei publicae tempore saluti dignitatique populi Romani subvenerit, ob eas causas senatui placere C. Caesarem C. f., pontificem, pro praetore, senatorem esse sententiamque loco quaestorio dicere, eiusque rationem, quemcumque magistratum petet, ita haberi, ut haberi per leges liceret, si anno superiore quaestor fuisset.'

Quid est enim, patres conscripti, cur eum non quam primum amplissimos honores capere cupiamus? Legibus enim annalibus cum grandiorem aetatem ad consulatum constituebant, adulescentiae temeritatem verebantur; C. Caesar ineunte aetate docuit ab excellenti eximiaque virtute progressum aetatis exspectari non oportere. Itaque maiores nostri veteres illi admodum antiqui leges annales non habebant, quas multis post annis attulit ambitio, ut gradus esset petitionis inter aequales. Ita saepe magna indoles virtutis, priusquam rei publicae prodesse potuisset, extincta est.

At vero apud antiquos Rulli, Decii, Corvini multique alii, recentiore autem memoria superior Africanus, T. Flamininus admodum adulescentes consules facti tanta res gesserunt, ut populi Romani imperium auxerint, nomen ornarint. Quid? Macedo Alexander cum ab ineunte aetate res maximas gerere coepisset, nonne tertio et tricesimo anno mortem obiit? quae est aetas nostris legibus decem annis minor quam consularis. Ex quo iudicari potest virtutis esse quam aetatis cursum celeriorem. Nam quod ii, qui Caesari invident, simulant se timere, ne verendum quidem est, ut tenere se possit, ut moderari, ne honoribus nostris elatus intemperantius suis opibus utatur.

Ea natura rerum est, patres conscripti, ut, qui sensum verae gloriae ceperit, quique se ab senatu, ab equitibus Romanis populoque Romano universo senserit civem clarum haberi salutaremque rei publicae, nihil cum hac gloria comparandum putet. Utinam C. Caesari, patri dico, contigisset adulescenti, ut esset senatui atque optimo cuique carissimus! Quod cum consequi neglexisset, omnem vim ingenii, quae summa fuit in illo, in populari levitate consumpsit. Itaque cum respectum ad senatum et ad bonos non haberet, eam sibi viam ipse patefecit ad opes suas amplificandas, quam virtus liberi populi ferre non posset. Eius autem filii longissume diversa ratio est; qui cum omnibus est, tum optimo cuique carissimus. In hoc spes libertatis posita est, ab hoc accepta iam salus, huic summi honores et exquiruntur et parati sunt.

Cuius igitur singularem prudentiam admiramur, eius stultitiam timemus? Quid enim stultius quam inutilem potentiam, invidiosas opes, cupiditatem dominandi praecipitem et lubricam anteferre verae, gravi, solidae gloriae? An hoc vidit puer; si aetate processerit, non videbit? At est quibusdam inimicus clarissimis atque optimis civibus. Nullus iste timor esse debet; omnis Caesar inimicitias rei publicae condonavit, hanc sibi iudicem constituit, hanc moderatricem omnium consiliorum atque factorum. Ita enim ad rem publicam accessit, ut eam confirmaret, non ut everteret. Omnis habeo cognitos sensus adulescentis. Nihil est illi re publica carius, nihil vestra auctoritate gravius, nihil bonorum virorum iudicio optatius, nihil vera gloria dulcius.

Quam ob rem ab eo non modo nihil timere, sed maiora et meliora exspectare debetis neque in eo, qui ad D. Brutum obsidione liberandum profectus sit, timere ne memoria maneat domestici doloris, quae plus apud eum possit quam salus civitatis. Audebo etiam obligare fidem meam, patres conscripti, vobis populoque Romano reique publicae; quod profecto, + cum me nulla vis cogeret, facere non auderem pertimesceremque in maxima re periculosam opinionem temeritatis. Promitto, recipio, spondeo, patres conscripti, C. Caesarem talem semper fore civem, qualis hodie sit, qualemque eum maxime velle esse et optare debemus.

Quae cum ita sint, de Caesare satis hoc tempore dictum habebo. Nec vero de L. Egnatuleio, fortissimo et constantissimo civi amicissimoque rei publicae, silendum arbitror, sed tribuendum testimonium virtutis egregiae, quod is legionem quartam ad Caesarem adduxerit, quae praesidio consulibus, senatui populoque Romano reique publicae esset; ob eam causam placere, uti L. Egnatuleio triennium ante legitimum tempus magistratus petere, capere, gerere liceat. In quo, patres conscripti, non tantum commodum tribuitur L. Egnatuleio, quantus honos; in tali enim re satis est nominari.

De exercitu autem C. Caesaris ita censeo decernendum: 'senatui placere militibus veteranis, qui Caesaris pontificis auctoritatem secuti libertatem populi Romani auctoritatemque huius ordinis defenderint atque defendant, iis liberisque eorum militiae vacationem esse, utique C. Pansa A. Hirtius consules, alter ambove, si eis videretur, cognoscerent, qui ager iis coloniis esset, quo milites veterani deducti essent, qui contra legem Iuliam possideretur, ut is militibus veteranis divideretur; de agro Campano separatim cognoscerent inirentque rationem de commodis militum veteranorum augendis, legionique Martiae et legioni quartae et iis militibus, qui de legione secunda, tricesima quinta ad C. Pansam A. Hirtium consules venissent suaque nomina edidissent, quod iis auctoritas senatus populique Romani libertas carissima sit et fuerit, vacationem militiae ipsis liberisque eorum esse placere extra tumultum Gallicum Italicumque, easque legiones bello confecto missas fieri placere; quantamque pecunia militibus earum legionum in singulos C. Caesar pontifex, pro praetore, pollicitus sit, tantam dari placere; utique C. Pansa A. Hirtius consules, alter ambove, si eis videretur, rationem agri haberent, qui sine iniuria privatorum dividi posset; iisque militibus, legioni Martiae et legioni quartae ita darent, adsignarent, ut quibus militibus amplissime dati, adsignati essent.' Dixi ad ea omnia, consules, de quibus rettulistis; quae si erunt sine mora matureque decreta, facilius adparabitis ea, quae tempus et necessitas flagitat. Celeritate autem opus est; qua si essemus usi, bellum, ut saepe dixi, nullum haberemus.

PHILIPPICA SEXTA

Audita vobis esse arbitror, Quirites, quae sint acta in senatu, quae fuerit cuiusque sententia. Res enim ex Kalendis Ianuariis agitata paulo ante confecta est minus quidem illa severe, quam decuit, non tamen omnino dissolute. Mora est adlata bello, non causa sublata. Quam ob rem, quod quaesivit ex me P. Apuleius, homo et multis officiis mihi et summa familiaritate coniunctus et vobis amicissimus, ita respondebo, ut ea, quibus non interfuistis, nosse possitis. Causa fortissimis optimisque consulibus Kalendis Ianuariis de re publica primum referendi fuit ex eo, quod XIII Kalendas Ian. senatus me auctore decrevit.

Eo die primum, Quirites, fundamenta sunt iacta rei publicae; fuit enim longo intervallo ita liber senatus, ut vos aliquando liberi essetis. Quo quidem tempore, etiamsi ille dies vitae finem mihi adlaturus esset, satis magnum ceperam fructum, cum vos universi una mente atque voce iterum a me conservatam esse rem publicam conclamastis. Hoc vestro iudicio tanto tamque praeclaro excitatus ita Kalendis Ianuariis veni in senatum, ut meminissem, quam personam impositam a vobis sustinerem. Itaque bellum nefarium inlatum rei publicae cum viderem, nullam moram interponendam insequendi M. Antonium putavi hominemque audacissimum, qui multis nefariis rebus ante commissis hoc tempore imperatorem populi Romani oppugnaret, coloniam vestram fidissimam fortissimamque obsideret, bello censui persequendum; tumultum esse decrevi; iustitium edici, saga sumi dixi placere, quo omnes acrius graviusque incumberent ad ulciscendas rei publicae iniurias, si omnia gravissimi belli insignia suscepta a senatu viderent.

Itaque haec sententia, Quirites, sic per triduum valuit, ut, quamquam discessio facta non esset, tamen praeter paucos omnes mihi adsensuri viderentur. Hodierno autem die spe nescio qua pacis obiecta remissior senatus fuit. Nam plures eam sententiam secuti sunt ut, quantum senatus auctoritas vesterque consensus apud Antonium valiturus esset, per legatos experiremur. Intellego, Quirites, a vobis hanc sententiam repudiari, neque iniuria. Ad quem enim legatos? ad eumne qui, pecunia publica dissipata atque effusa, per vim et contra auspicia inpositis rei publicae legibus, fugata contione, obsesso senatu ad opprimendam rem publicam Brundisio legiones accersierit, ab iis relictus cum latronum manu in Galliam inruperit, Brutum oppugnet, Mutinam circumsedeat? Quae vobis potest cum hoc gladiatore condicionis, aequitatis, legationis esse communitas?

Quamquam, Quirites, non est illa legatio, sed denuntiatio belli, nisi paruerit; ita enim est decretum, ut si legati ad Hannibalem mitterentur. Mittuntur enim, qui nuntient, ne oppugnet consulem designatum, ne Mutinam obsideat, ne provinciam depopuletur, ne dilectus habeat, sit in senatus populique Romani potestate. Facile vero huic denuntiationi parebit, ut in patrum conscriptorum atque in vestra potestate sit, qui in sua numquam fuerit! Quid enim ille umquam arbitrio suo fecit? Semper eo tractus est, quo libido rapuit, quo levitas, quo furor, quo vinulentia; semper eum duo dissimilia genera tenuerunt, lenonum et latronum; ita domesticis stupris, forensibus parricidiis delectatur, ut mulieri citius avarissimae paruerit quam senatui populoque Romano.

Itaque, quod paulo ante feci in senatu, faciam apud vos. Testificor, denuntio, ante praedico nihil M. Antonium eorum quae sunt legatis mandata, facturum, vastaturum agros, Mutinam obsessurum, dilectus, qua possit, habiturum. Is est enim ille, qui semper senatus iudicium et auctoritatem, semper voluntatem vestram potestatemque contempserit. An ille id faciat, quod paulo ante decretum est, ut exercitum citra flumen Rubiconem, qui finis est Galliae, educeret, dum ne propius urbem Romam ducenta milia admoveret? Huic denuntiationi ille pareat, ille se fluvio Rubicone et ducentis milibus circumscriptum esse patiatur?

Non is est Antonius; nam, si esset, non commisisset, ut ei senatus tamquam Hannibali initio belli Punici denuntiaret, ne oppugnaret Saguntum. Quod vero ita avocatur a Mutina, ut ab urbe tamquam pestifera flamma arceatur, quam habet ignominiam, quod iudicium senatus! Quid? quod a senatu dantur mandata legatis, ut D. Brutum militesque eius adeant iisque demonstrent summa in rem publicam merita beneficiaque eorum grata esse senatui populoque Romano iisque eam rem magnae laudi magnoque honori fore, passurumne censetis Antonium introire Mutinam legatos, exire inde tuto? Numquam patietur, mihi credite. Novi violentiam, novi inpudentiam, novi audaciam.

Nec vero de illo sicut de homine aliquo debemus, sed ut de

inportunissima belua cogitare. Quae cum ita sint, non omnino dissolutum est, quod decrevit senatus; habet atrocitatis aliquid legatio; utinam nihil haberet morae! Nam cum plerisque in rebus gerendis tarditas et procrastinatio odiosa est, tum hoc bellum indiget celeritatis. Succurrendum est D. Bruto, omnes undique copiae colligendae; horam eximere nullam in tali cive liberando sine scelere non possumus.

An ille non potuit, si Antonium consulem, si Galliam Antoni provinciam iudicasset, legiones Antonio et provinciam tradere, domum redire, triumphare, primus in hoc ordine, quoad magistratum iniret, sententiam dicere? quid negoti fuit?

Sed cum se Brutum esse meminisset vestraeque libertati natum, non otio suo, quid egit aliud, nisi ut paene corpore suo Gallia prohiberet Antonium? Ad hunc utrum legatos an legiones ire oportebat? Sed praeterita omittamus; properent legati, quod video esse facturos; vos saga parate. Est enim ita decretum, ut, si ille auctoritati senatus non paruisset, ad saga iretur. Ibitur; non parebit; nos amissos tot dies rei gerendae queremur. Non metuo, Quirites, ne, cum audierit Antonius me hoc et in senatu et in contione confirmasse, numquam illum futurum in senatus potestate, refellendi mei causa, ut ego nihil vidisse videar, vertat se et senatui pareat. Numquam faciet; non invidebit huic meae gloriae; malet me sapientem a vobis quam se modestum existimari.

Quid? ipse si velit, num etiam Lucium fratrem passurum arbitramur? Nuper quidem dicitur ad Tibur, ut opinor, cum ei labare M. Antonius videretur, mortem fratri esse minitatus. Etiamne ab hoc myrmillone Asiatico senatus mandata, legatorum verba audientur? Nec enim secerni a fratre poterit, tanta praesertim auctoritate. Nam hic inter illos Africanus est; pluris habetur quam L. Trebellius, pluris quam T. Plancus *** adulescens nobilis. Plancum quidem, qui omnibus sententiis maximo vestro plausu condemnatus nescio quo modo se coniecit in turbam atque ita maestus rediit, ut retractus, non reversus videretur, sic contemnit, tamquam si illi aqua et igni interdictum sit; aliquando negat ei locum esse oportere in curia, qui incenderit curiam.

Nam Trebellium valde iam diligit; oderat tum cum ille tabulis novis adversabatur; iam fert in oculis, posteaquam ipsum Trebellium vidit sine tabulis novis salvum esse non posse. Audisse enim vos arbitror, Quirites, quod etiam videre potuistis, cotidie sponsores et creditores L. Trebelli convenire. O Fide! (hoc enim opinor Trebellium sumpsisse cognomen) quae potest esse maior fides quam fraudare creditores, domo profugere, propter aes alienum ire ad arma? Ubi plausus ille in triumpho est, saepe ludis, ubi aedilitas delata summo studio bonorum? Quis est, qui hunc non casu existimet recte fecisse, nequitia sceleste?

V Sed redeo ad amores deliciasque vestras, L. Antonium, qui vos omnis in fidem suam recepit. Negatis? Numquisnam est vestrum qui tribum non habeat? Certe nemo. Atqui illum quinque et triginta tribus patronum adoptarunt. Rursus reclamatis? Aspicite illam a sinistra equestrem statuam inauratam, in qua quid inscriptum est? 'QUINQUE ET TRIGINTA TRIBUS PATRONO'. Populi Romani igitur est patronus L. Antonius. Malam quidem illi pestem! clamori enim vestro adsentior. Non modo hic latro, quem clientem habere nemo velit, sed quis umquam tantis opibus, tantis rebus gestis fuit, qui se populi Romani victoris dominique omnium gentium patronum dicere auderet?

In foro L. Antoni statuam videmus, sicut illam Q.Tremuli, qui Hernicos devicit, ante Castoris. O impudentiam incredibilem! Tantumne sibi sumpsit, quia Mylasis myrmillo Thraecem iugulavit familiarem suum? quonam modo istum ferre possemus, si in hoc foro spectantibus vobis depugnasset? Sed haec una statua; altera ab equitibus Romanis equo publico, qui item ascribunt 'PATRONO'. Quem umquam iste ordo patronum adoptavit? Si quemquam, debuit me. Sed me omitto; quem censorem, quem imperatorem? Agrum iis divisit. O sordidos, qui acceperunt, improbum, qui dedit.

Statuerunt etiam tribuni militares, qui in exercitu Caesaris bis fuerunt. Quis est iste ordo? Multi fuerunt multis in legionibus per tot annos. Iis quoque divisit Semurium. Campus Martius restabat, nisi prius cum fratre fugisset. Sed haec agrorum adsignatio paulo ante, Quirites, L. Caesaris, clarissimi viri et praestantissimi senatoris, sententia dissoluta est; huic enim adsensi septemvirum acta sustulimus. Iacent beneficia Nuculae, friget patronus Antonius. Nam possessores animo aequiore discedent; nullam inpensam fecerant, nondum instruxerant, partim quia non confidebant, partim quia non habebant.

Sed illa statua palmaris, de qua, si meliora tempora essent, non possem sine risu dicere: 'L. ANTONIO A IANO MEDIO PATRONO'. Itane? Ianus medius in L. Antoni clientela est? Quis umquam in illo Iano inventus est qui L. Antonio mille nummum ferret expensum? VI Sed nimis multa de nugis; ad causam bellumque redeamus; quamquam non alienum fuit personas quasdam a vobis recognosci, ut, quibuscum bellum gereretur, possetis taciti cogitare. Ego autem vos hortor, Quirites, ut, etiamsi melius aliud fuit, tamen legatorum reditum expectetis animo aequo. Celeritas detracta de causa est, boni tamen aliquid accessit ad causam. Cum enim legati renuntiarint, quod certe renuntiabunt, non in vestra potestate, non in senatus esse Antonium, quis erit tam inprobus civis qui illum civem habendum putet? Nunc enim sunt pauci illi quidem, sed tamen plures, quam re publica dignum est, qui ita loquantur: 'Ne legatos quidem expectabimus?' Istam certe vocem simulationemque clementiae extorquebit istis res ipsa publica. Quo etiam, ut confitear vobis, Quirites, minus hodierno die contendi, minus laboravi, ut mihi senatus adsentiens tumultum decerneret, saga sumi iuberet. Malui viginti diebus post sententiam meam laudari ab omnibus quam a paucis hodie vituperari.

Quapropter, Quirites, exspectate legatorum reditum et paucorum dierum molestiam devorate. Qui cum redierint, si pacem adferent, cupidum me, si bellum, providum iudicatote. An ego non provideam meis civibus, non dies noctesque de vestra libertate, de rei publicae salute cogitem? Quid enim non debeo vobis, Quirites, quem vos a se ortum hominibus nobilissimis omnibus honoribus praetulistis? An ingratus sum? Quis minus? qui partis honoribus eosdem in foro gessi labores quos petendis. Rudis in re publica? Quis exercitatior? qui viginti iam annos bellum geram cum impiis civibus.

Quam ob rem, Quirites, consilio, quantum potero, labore plus paene, quam potero, excubabo vigilaboque pro vobis. Etenim quis est civis, praesertim hoc gradu, quo me vos esse voluistis, tam oblitus beneficii vestri, tam immemor patriae, tam inimicus dignitatis suae, quem non excitet, non inflammet tantus vester iste consensus? Multas magnasque habui consul contiones, multis interfui; nullam umquam vidi tantam, quanta nunc vestrum est. Unum sentitis omnes, unum studetis, M. Antoni conatus avertere a re publica, furorem extinguere, opprimere audaciam. Idem volunt omnes ordines, eodem incumbunt municipia, coloniae, cuncta Italia. Itaque senatum bene sua sponte firmum firmiorem vestra auctoritate fecistis.

Venit tempus, Quirites, serius omnino, quam dignum populo Romano fuit, sed tamen ita maturum, ut differri iam hora non possit. Fuit aliquis fatalis casus, ut ita dicam, quem tulimus, quoquo modo ferendum fuit; nunc si quis erit, erit voluntarius.

Populum Romanum servire fas non est, quem di immortales omnibus gentibus imperare voluerunt. Res in extremum est adducta discrimen; de libertate decernitur. Aut vincatis oportet, Quirites, quod profecto et pietate vestra et tanta concordia consequemini, aut quidvis potius quam serviatis. Aliae nationes servitutem pati possunt, populi Romani est propria libertas.

PHILIPPICA SEPTIMA

Parvis de rebus, sed fortasse necessariis consulimur, patres conscripti. De Appia via et de Moneta consul, de Lupercis tribunus pl. refert. Quarum rerum etsi facilis explicatio videtur, tamen animus aberrat a sententia suspensus curis maioribus. Adducta est enim, patres conscripti, res in maximum periculum et in extremum paene discrimen. Non sine causa legatorum istam missionem semper timui, numquam probavi; quorum reditus quid sit adlaturus, ignoro; exspectatio quidem quantum adferat languoris animis, quis non videt? Non enim se tenent ii, qui senatum dolent ad auctoritatis pristinae spem revirescere, coniunctum huic ordini populum Romanum, conspirantem Italiam, paratos exercitus, expeditos duces.

Iam nunc fingunt responsa Antoni eaque defendunt. Alii postulare illum, ut omnes exercitus dimittantur. Scilicet legatos ad eum misimus, non ut pareret et dicto audiens esset huic ordini, sed ut condiciones ferret, leges inponeret, reserare nos exteris gentibus Italiam iuberet, se praesertim incolumi, a quo maius periculum quam ab ullis nationibus extimescendum est. Alii remittere eum nobis Galliam citeriorem, illam ultimam postulare, praeclare;

ex qua non legiones solum, sed etiam nationes ad urbem conetur adducere. Alii nihil eum iam nisi modeste postulare. Macedoniam suam vocat omnino, quoniam Gaius frater est inde revocatus; sed quae provincia est, ex qua illa fax excitare non possit incendium? Itaque idem quasi providi cives et senatores diligentes bellicum me cecinisse dicunt; suscipiunt pacis patrocinium. Nonne sic disputant? 'Inritatum Antonium non oportuit; nequam est homo ille atque confidens; multi praeterea improbi' (quos quidem a se primum numerare possunt, qui haec locuntur); eos cavendos esse denuntiant. Utrum igitur in nefariis civibus ulciscendi, cum possis, an pertimescendi diligentior cautio est?

Atque haec ii locuntur, qui quondam propter levitatem populares habebantur. Ex quo intellegi potest animo illos abhorruisse semper ab optimo civitatis statu, non voluntate fuisse populares. Qui enim evenit, ut, qui in rebus improbis populares fuerint, idem in re una maxime populari, quod eadem salutaris rei publicae sit, improbos se quam popularis esse malint? Me quidem semper, uti scitis, adversarium multitudinis temeritati haec fecit praeclarissima causa popularem.

Et quidem dicuntur vel potius se ipsi dicunt consulares; quo nomine dignus est nemo, nisi qui tanti honoris potest sustinere. Faveas tu hosti? ille litteras ad te mittat de sua spe rerum secundarum? eas tu laetus proferas, recites, describendas etiam des improbis civibus, eorum augeas animos, bonorum spem virtutemque debilites, et te consularem aut senatorem, denique civem putes? Accipiet in optimam partem C. Pansa, fortissimus consul atque optimus. Etenim dicam animo amicissimo: Hunc ipsum, mihi hominem familiarissimum, nisi talis consul esset, ut omnis vigilias, curas, cogitationes in rei publicae salute defigeret, consulem non putarem.

Quamquam nos ab ineunte illius aetate usus, consuetudo, studiorum etiam honestissimorum societas similitudoque devinxit, eiusdemque cura incredibilis in asperrimis belli civilis periculis perspecta docuit non modo salutis, sed etiam dignitatis meae fuisse fautorem, tamen eundem, ut dixi, nisi talis esset consul, negare esse consulem auderem; idem non modo consulem esse dico, sed etiam memoria mea praestantissimum atque optimum consulem, non quin pari virtute et voluntate alii fuerint, sed tantam causam non habuerunt, in qua et voluntatem suam et virtutem declararent;

huius magnitudini animi, gravitati, sapientiae tempestas est oblata formidolosissimi temporis. Tum autem inlustratur consulatus, cum gubernat rem publicam si non optabili, at necessario tempore. Magis autem necessarium, patres conscripti, nullum tempus umquam fuit. Itaque ego ille, qui semper pacis auctor fui, cuique pax, praesertim civilis, quamquam omnibus bonis, tamen in primis fuit optabilis (omne enim curriculum industriae nostrae in foro, in curia, in amicorum periculis propulsandis elaboratum est; hinc honores amplissimos, hinc mediocris opes, hinc dignitatem, si quam habemus, consecuti sumus)

—ego igitur pacis, ut ita dicam, alumnus, qui quantuscumque sum (nihil enim mihi adrogo), sine pace civili certe non fuissem (periculose dico; quem ad modum accepturi, patres conscripti, sitis, horreo, sed pro mea perpetua cupiditate vestrae dignitatis retinendae et augendae quaeso oroque vos, patres conscripti, ut primo, etsi erit vel acerbum auditu vel incredibile a M. Cicerone esse dictum, accipiatis sine offensione, quod dixero, neve id, priusquam, quale sit, explicaro, repudietis)—ego ille (dicam saepius) pacis semper laudator, semper auctor pacem cum M. Antonio esse nolo. Magna spe ingredior in reliquam orationem, patres conscripti, quoniam periculosissimum locum silentio sum praetervectus.

Cur igitur pacem nolo? Quia turpis est, quia periculosa, quia esse non potest. Quae tria dum explico, peto a vobis, patres conscripti, ut eadem benignitate, qua soletis, mea verba audiatis. Quid est inconstantia, levitate, mobilitate cum singulis hominibus, tum vero universo senatui turpius? quid porro inconstantius quam, quem modo hostem non verbo, sed re multis decretis iudicaritis, cum hoc subito pacem velle coniungi?

Nisi vero, cum C. Caesari meritos illi quidem honores et debitos, sed tamen singularis et immortalis decrevistis unam ob causam, quod contra M. Antonium exercitum conparavisset, non hostem tum Antonium iudicavistis, nec tum hostis est a vobis iudicatus Antonius, cum laudati auctoritate vestra veterani milites, qui C. Caesarem secuti essent, nec tum hostem Antonium iudicastis, cum fortissimis legionibus, quod illum, qui consul appellabatur, cum esset hostis, reliquissent, vacationes, pecunias, agros spopondistis.

Quid? cum Brutum omine quodam illius generis et nominis natum ad rem publicam liberandam exercitumque eius pro libertate populi Romani bellum gerentem cum Antonio provinciamque fidelissimam atque optimam, Galliam, laudibus amplissimis adfecistis, tum non hostem iudicastis Antonium? Quid? cum decrevistis, ut consules, alter ambove, ad bellum proficiscerentur, quod erat bellum, si hostis Antonius non erat?

Quid igitur profectus est vir fortissimus, meus collega et familiaris, A. Hirtius consul? at qua inbecillitate, qua macie! Sed animi vires corporis infirmitas non retardavit. Aequum, credo, putavit vitam, quam populi Romani votis retinuisset, pro libertate populi Romani in discrimen adducere.

Quid? cum dilectus haberi tota Italia iussistis, cum vacationes omnis sustulistis, tum ille hostis non est iudicatus? Armorum officinas in urbe videtis, milites cum gladiis secuntur consulem, praesidio sunt specie consuli, re et veritate nobis, omnes sine ulla recusatione, summo etiam cum studio nomina dant, parent auctoritati vestrae; non est iudicatus hostis Antonius?

At legatos misimus. Heu me miserum! cur senatum cogor, quem laudavi semper, reprehendere? Quid? vos censetis, patres conscripti, legatorum missionem populo Romano vos probavisse? non intellegitis, non auditis meam sententiam flagitari? cui cum pridie frequentes essetis adsensi, postridie ad spem estis inanem pacis devoluti. Quam turpe porro legiones ad senatum legatos mittere, senatum ad Antonium! Quamquam illa legatio non est, denuntiatio est paratum illi exitium, nisi paruerit huic ordini; quid refert? tamen opinio est gravior. Missos enim legatos omnes vident, decreti nostri non omnes verba noverunt. V Retinenda est igitur nobis constantia, gravitas, perseverantia, repetenda vetus illa severitas, si quidem auctoritas senatus decus, honestatem, laudem dignitatemque desiderat, quibus rebus hic ordo caruit nimium diu. Sed erat tunc excusatio oppressis misera illa quidem, sed tamen iusta; nunc nulla est. Liberati regio dominatu videbamur, multo postea gravius urguebamur armis domesticis. Ea ipsa depulimus nos quidem; extorquenda sunt. Quod si non possumus facere, (dicam, quod dignum est et senatore et Romano homine) moriamur.

Quanta enim illa erit rei publicae turpitudo, quantum dedecus, quanta labes, dicere in hoc ordine sententiam M. Antonium consulari loco! cuius ut omittam innumerabilia scelera urbani consulatus, in quo pecuniam publicam maximam dissipavit, exules sine lege restituit, vectigalia divendidit, provincias de populi Romani imperio sustulit, regna addixit pecunia, leges civitati per vim imposuit, armis aut opsedit aut exclusit senatum: ut haec, inquam, omittam, ne hoc quidem cogitatis, eum, qui Mutinam, coloniam populi Romani firmissimam, oppugnarit, imperatorem populi Romani, consulem designatum, opsederit, depopulatus agros sit, hunc in eum ordinem recipi, a quo totiens ob has ipsas causas hostis iudicatus sit, quam foedum flagitiosumque sit?

Satis multa de turpitudine. Dicam deinceps, ut proposui, de periculo; quod etsi minus est fugiendum quam turpitudo, tamen offendit animos maioris partis hominum magis. VI Poteritis igitur exploratam habere pacem, cum in civitate Antonium videbitis vel potius Antonios? Nisi forte contemnitis Lucium; ego ne Gaium quidem. Sed, ut video, dominabitur Lucius. Est enim patronus quinque et triginta tribuum, quarum sua lege, qua cum C. Caesare magistratus partitus est, suffragium sustulit; patronus centuriarum equitum Romanorum, quas item sine suffragio esse voluit, patronus eorum, qui tribuni militares fuerunt, patronus Iani medii.

Quis huius potentiam poterit sustinere, praesertim cum eosdem in agros etiam deduxerit? quis umquam omnis tribus, quis equites Romanos, quis tribunos militaris? Gracchorum potentiam maiorem fuisse arbitramini, quam huius gladiatoris futura sit? quem gladiatorem non ita appellavi, ut interdum etiam M. Antonius gladiator appellari solet, sed ut appellant ii, qui plane et Latine locuntur. Myrmillo in Asia depugnavit! Cum ornasset thraecidicis comitem et familiarem suum, illum miserum fugientem iugulavit, luculentam tamen ipse plagam accepit, ut declarat cicatrix.

Qui familiarem iugularit, quid hic occasione data faciet inimico? et qui illud animi causa fecerit, hunc praedae causa quid facturum putatis? Non rursus improbos decuriabit, non sollicitabit rursus agrarios, non queretur expulsos? M. vero Antonius non is erit, ad quem omni motu concursus fiat civium perditorum? Ut nemo sit alius nisi ii, qui una sunt, et ii, qui hic ei nunc aperte favent, parumne erunt multi, praesertim cum bonorum praesidia discesserint, illi parati sint ad nutum futuri? Ego vero metuo, si hoc tempore consili lapsi erimus, ne illi brevi tempore nimis multi nobis esse videantur.

Nec ego pacem nolo, sed pacis nomine bellum involutum reformido. Quare, si pace frui volumus, bellum gerendum est; si bellum omittimus, pace numquam fruemur. VII Est autem vestri consilii, patres conscripti, in posterum quam longissime providere. Idcirco in hac custodia et tamquam specula conlocati sumus, uti vacuum metu populum Romanum nostra vigilia et prospicientia redderemus. Turpe est summo consilio orbis terrae, praesertim in re tam perspicua, consilium intellegi defuisse.

Eos consules habemus, eam populi Romani alacritatem, eum consensum Italiae, eos duces, eos exercitus, ut nullam calamitatem res publica accipere possit sine culpa senatus. Equidem non deero; monebo, praedicam, denuntiabo, testabor semper deos hominesque, quid sentiam, nec solum fidem meam, quod fortasse videatur satis esse, sed in principe civi non est satis, curam, consilium vigilantiamque praestabo.

Dixi de periculo; docebo ne coagmentari quidem posse pacem; de tribus enim, quae proposui, hoc extremum est. Quae potest pax esse M. Antonio primum cum senatu? quo ore vos ille poterit, quibus vicissim vos illum oculis intueri? quis vestrum illum, quem ille vestrum non oderit? Age, vos ille solum et vos illum; quid? ii, qui Mutinam circumsedent, qui in Gallia dilectus habent, qui in vestras fortunas imminent, amici umquam vobis erunt aut vos illis? An equites Romanos amplectetur? Occulta enim fuit eorum voluntas iudiciumque de Antonio. Qui frequentissimi in gradibus Concordiae steterunt, qui nos ad libertatem recuperandam excitaverunt, arma, saga, bellum flagitaverunt, me una cum populo Romano in contionem vocaverunt, hi Antonium diligent et cum his pacem servabit Antonius?

Nam quid ego de universo populo Romano dicam? qui pleno ac referto foro bis me una mente atque voce in contionem vocavit declaravitque maximam libertatis recuperandae cupiditatem. Itaque erat optabile antea, ut populum Romanum comitem haberemus, nunc habemus ducem. Quae est igitur spes, qui Mutinam circumsedent, imperatorem populi Romani exercitumque oppugnant, iis pacem cum populo Romano esse posse?

An cum municipiis pax erit, quorum tanta studia cognoscuntur in decretis faciendis, militibus dandis, pecuniis pollicendis, ut in singulis oppidis curiam populi Romani non desideretis? Laudandi sunt ex huius ordinis sententia Firmani, qui principes pecuniae pollicendae fuerunt, respondendum honorifice est Marrucinis, qui ignominia notandos censuerunt eos, si qui militiam supterfugissent. Haec iam tota Italia fient. Magna pax Antonio cum iis, his item cum illo! Quae potest esse maior discordia? In discordia autem pax civilis esse nullo pacto potest.

Ut omittam multitudinem, L. Visidio, equiti Romano, homini in primis ornato atque honesto civique semper egregio, cuius ego excubias et custodias mei capitis cognovi in consulatu meo, qui vicinos suos non cohortatus est solum, ut milites fierent, sed etiam facultatibus suis sublevavit, huic, inquam, tali viro, quem nos senatus consulto conlaudare debemus, poteritne esse pacatus Antonius? Quid? C. Caesari, qui illum urbe, quid? D. Bruto, qui Gallia prohibuit?

Iam vero ipse se placabit et leniet provinciae Galliae, a qua expulsus et repudiatus est? Omnia videbitis, patres conscripti, nisi prospicitis, plena odiorum, plena discordiarum, ex quibus oriuntur bella civilia. Nolite igitur velle, quod fieri non potest, et cavete, per deos immortales! patres conscripti, ne spe praesentis pacis perpetuam pacem amittatis.

Quorsum haec omnis spectat oratio? quid enim legati egerint, nondum scimus. At vero excitati, erecti, parati, armati animis iam esse debemus, ne blanda aut supplici oratione aut aequitatis simulatione fallamur. Omnia fecerit oportet, quae interdicta et denuntiata sunt, priusquam aliquid postulet, Brutum exercitumque eius oppugnare, urbis et agros provinciae Galliae populari destiterit, ad Brutum adeundi legatis potestatem fecerit, exercitum citra flumen Rubiconem eduxerit nec propius urbem milia passuum ducenta admoverit, fuerit et in senatus et in populi Romani potestate. Haec si fecerit, erit integra potestas nobis deliberandi; si senatui non paruerit, non illi senatus, sed ille populo Romano bellum indixerit.

Sed vos moneo, patres conscripti: libertas agitur populi Romani, quae est commendata vobis, vita et fortunae optimi cuiusque, quo cupiditatem infinitam cum immani crudelitate iam pridem intendit Antonius, auctoritas vestra, quam nullam habebitis, nisi nunc tenueritis; taetram et pestiferam beluam ne inclusam et constrictam dimittatis, cavete! Te ipsum, Pansa, moneo (quamquam non eges consilio, quo vales plurimum, tamen etiam summi gubernatores in magnis tempestatibus a vectoribus admoneri solent), hunc tantum tuum apparatum tamque praeclarum ne ad nihilum recidere patiare. Tempus habes tale, quale nemo habuit umquam. Hac gravitate senatus, hoc studio equestris ordinis, hoc ardore populi Romani potes in perpetuum rem publicam metu et periculo liberare. Quibus de rebus refers, P. Servilio adsentior.

PHILIPPICA OCTAVA

Confusius hesterno die est acta res, C. Pansa, quam postulabat institutum consulatus tui. Parum mihi visus es eos, quibus cedere non soles, sustinere. Nam cum senatus ea virtus fuisset, quae solet, et cum re viderent omnes esse bellum quidamque id verbum removendum arbitrarentur, tua voluntas in discessione fuit ad lenitatem propensior. Victa est igitur propter verbi asperitatem te auctore nostra sententia, vicit L. Caesaris, amplissimi viri, qui, verbi atrocitate dempta, oratione fuit quam sententia lenior. Quamquam is quidem, antequam sententia diceret, propinquitatem excusavit. Idem fecerat me consule in sororis viro, quod hoc tempore in sororis filio fecit, ut et luctu sororis moveretur et saluti populi Romani provideret.

Atque ipse tamen Caesar praecipit vobis quodam modo, patres conscripti, ne sibi adsentiremini, cum ita dixit, aliam sententiam se dicturum fuisse, eamque se ac re publica dignam, nisi propinquitate impediretur. Ergo ille avunculus; num etiam vos avunculi, qui illi estis adsensi? At in quo fuit controversia? Belli nomen ponendum quidam in sententia non putabant, 'tumultum' appellare malebant ignari non modo rerum, sed etiam verborum; potest enim esse bellum, ut tumultus non sit, tumultus esse sine bello non potest.

Quid est enim aliud tumultus nisi perturbatio tanta, ut maior timor oriatur? unde etiam nomen ductum est tumultus. Itaque maiores nostri tumultum Italicum, quod erat domesticus, tumultum Gallicum, quod erat Italiae finitimus, praeterea nullum nominabant. Gravius autem tumultus esse quam bellum hinc intellegi potest, quod bello vacationes valent, tumultu non valent. Ita fit, quem ad modum dixi, ut bellum sine tumultu possit, tumultus sine bello esse non possit.

Etenim cum inter bellum et pacem medium nihil sit, necesse est tumultum, si belli non sit, pacis esse; quo quid absurdius dici aut existimari potest? Sed nimis multa de verbo; rem potius videamus, patres conscripti, quam quidem intellego verbo fieri interdum deteriorem solere. Nolumus hoc bellum videri. Quam igitur municipiis et coloniis ad excludendum Antonium auctoritatem damus, quam, ut milites fiant sine vi, sine multa, studio, voluntate, quam, ut pecunias in rem publicam polliceantur? Si enim belli nomen tolletur, municipiorum studia tollentur; consensus populi Romani, qui iam descendit in causam, si nos languescimus, debilitetur necesse est.

Sed quid plura? D. Brutus oppugnatur; non est bellum. Mutina, colonia vetus et firma, opsidetur; ne hoc quidem bellum est. Gallia vastatur; quae pax potest esse certior? Illud vero quis potest bellum esse dicere, quo consulem, fortissimum virum, cum exercitu misimus? Qui cum esset infirmus ex gravi diuturnoque morbo, nullam sibi putavit excusationem esse oportere, cum ad rei publicae praesidium vocaretur. C. quidem Caesar non exspectavit vestra decreta, praesertim cum illud esset aetatis; bellum contra Antonium sua sponte suscepit. Decernendi enim tempus nondum erat; belli autem gerendi tempus si praetermisisset, videbat re publica oppressa nihil posse decerni.

Ergo illi nunc et eorum exercitus in pace versantur. Non est hostis is, cuius praesidium Claterna deiecit Hirtius, non est hostis, qui consuli armatus obsistit, designatum consulem oppugnat, nec illa hostilia verba nec bellica, quae paulo ante ex collegae litteris Pansa recitavit: 'Deieci praesidium, Claterna potitus sum; fugati equites, proelium commissum, occisi aliquot.' Quae pax potest esse maior? Dilectus tota Italia decreti sublatis vacationibus; saga cras sumentur; consul se cum praesidio descensurum esse dixit.

Utrum hoc bellum non est, an etiam tantum bellum, quantum numquam fuit? Ceteris enim bellis, maximeque civilibus, contentionem rei publicae causa faciebat. Sulla cum Sulpicio de iure legum, quas per vim Sulla latas esse dicebat, Cinna cum Octavio de novorum civium suffragiis, rursus cum Mario et Carbone Sulla, ne dominarentur indigni, et ut clarissimorum hominum crudelissimam poeniretur necem. Horum omnium bellorum causae ex rei publicae contentione natae sunt. De proximo bello civili non libet dicere; ignoro causam, detestor exitum.

Hoc bellum quintum civile geritur (atque omnia in nostram aetatem inciderunt) primum non modo non in dissensione et discordia civium, sed in maxima consensione incredibilique concordia. Omnes idem volunt, idem defendunt, idem sentiunt. Cum omnes dico, eos excipio, quos nemo civitate dignos putat. Quae est igitur in medio belli causa posita? Nos deorum immortalium templa, nos muros, nos domicilia sedesque populi Romani, aras, focos, sepulchra maiorum, nos leges, iudicia, libertatem, coniuges, liberos, patriam defendimus; contra M. Antonius id molitur, id pugnat, ut haec omnia perturbet, evertat, praedam rei publicae causam belli putet, fortunas nostras partim dissupet, partim dispertiat parricidis.

In hac tam dispari ratione belli miserrimum illud est, quod ille latronibus suis pollicetur primum domos; urbem enim divisurum se confirmat, deinde omnibus portis, quo velint, deducturum. Omnes Cafones, omnes Saxae ceteraeque pestes, quae sequuntur Antonium, aedis sibi optimas, hortos, Tusculana, Albana definiunt. Atque etiam homines agrestes, si homines illi ac non pecudes potius, inani spe ad aquas usque et Puteolos provehuntur. Ergo habet Antonius, quod suis polliceatur; quid? nos num quid tale habemus? Di meliora! id enim ipsum agimus, ne quis posthac quicquam eius modi possit polliceri. Invitus dico, sed dicendum est. Hasta Caesaris, patres conscripti, multis inprobis et spem adfert et audaciam. Viderunt enim ex mendicis fieri repente divites, itaque semper hastam videre cupiunt ii, qui nostris bonis imminent; quibus omnia pollicetur Antonius.

Quid? nos nostris exercitibus quid pollicemur? Multo meliora atque maiora. Scelerum enim promissio et iis, qui exspectant, perniciosa est et iis, qui promittunt; nos libertatem nostris militibus, leges, iura, iudicia, imperium orbis terrae, dignitatem, pacem, otium pollicemur. Antoni igitur promissa cruenta, taetra, scelerata, dis hominibusque invisa, nec diuturna neque salutaria, nostra contra honesta, integra, gloriosa, plena laetitiae, plena pietatis.

Hic mihi etiam Q. Fufius, vir fortis ac strenuus, amicus meus, pacis commoda commemorat. Quasi vero, si laudanda pax esset, ego id aeque commode facere non possem. Semel enim pacem defendi, non semper otio studui? quod cum omnibus bonis utile esset, tum praecipue mihi. Quem enim cursum industria mea tenere potuisset sine forensibus causis, sine legibus, sine iudiciis? quae esse non possunt civili pace sublata.

Sed quaeso, Calene, quid tu? Servitutem pacem vocas. Maiores quidem nostri, non modo ut liberi essent, sed etiam ut imperarent, arma capiebant; tu arma abicienda censes, ut serviamus. Quae causa iustior est belli gerendi quam servitutis depulsio? in qua etiamsi non sit molestus dominus, tamen est miserrimum posse, si velit. Immo aliae causae iustae, haec necessaria est. Nisi forte ad te hoc non putas pertinere, quod te socium fore speras dominationis Antoni. In quo bis laberis, primum quod tuas rationes communibus interponis, deinde quod quicquam stabile aut iucundum in regno putas. Non, si tibi antea profuit, semper proderit.

Quin etiam de illo homine queri solebas; quid te facturum de belua putas? Atque ais eum te esse, qui semper pacem optaris, semper omnis civis volueris salvos. Honesta oratio, sed ita, si bonos et utilis et e re publica civis; sin eos, qui natura cives sunt, voluntate hostes, salvos velis, quid tandem intersit inter te et illos? Pater quidem tuus, quo utebar sene auctore adulescens, homo severus et prudens, primas omnium civium P. Nasicae, qui Ti. Gracchum interfecit, dare solebat; eius virtute, consilio, magnitudine animi liberatam rem publicam arbitrabatur.

Quid? nos a patribus num aliter accepimus? Ergo is tibi civis, si temporibus illis fuisses, non probaretur, quia non omnes salvos esse voluisset. QUOD L. OPIMIUS CONSUL VERBA FECIT DE RE PUBLICA, DE EA RE ITA CENSUERUNT, UTI L. OPIMIUS CONSUL REM PIBLICAM DEFENDERET. Senatus haec verbis, Opimius armis. Num igitur eum, si tum esses, temerarium civem aut crudelem putares aut Q. Metellum, cuius quattuor filii consulares, P. Lentulum, principem senatus, complures alios summos viros, qui cum Opimio consule armati Gracchum in Aventinum persecuti sunt? quo in proelio Lentulus grave vulnus accepit, interfectus est Gracchus et M. Fulvius consularis eiusque duo adulescentuli filii. Illi igitur viri vituperandi; non enim omnis civis salvos esse voluerunt.

Ad propiora veniamus. C. Mario L. Valerio consulibus senatus rem publicam defendendam dedit: L. Saturninus tribunus pl. , C. Glaucia praetor est interfectus. Omnes illo die Scauri, Metelli, Claudii, Catuli, Scaevolae, Crassi arma sumpserunt. Num aut consules illos aut clarissumos viros vituperandos putas? Ego Catilinam perire volui. Num tu, qui omnes salvos vis, Catilinam salvum esse voluisti? Hoc interest, Calene, inter meam sententiam et tuam: Ego nolo quemquam civem committere, ut morte multandus sit; tu, etiamsi commiserit, conservandum putas. In corpore si quid eius modi est, quod reliquo corpori noceat, id uri secarique patimur, ut membrum aliquod potius quam totum corpus intereat. Sic in rei publicae corpore, ut totum salvum sit, quicquid est pestiferum, amputetur.

Dura vox; multo illa durior: 'Salvi sint inprobi, scelerati, impii; deleantur innocentes, honesti, boni, tota res publica!' Uno in homine, Q. Fufi, fateor te vidisse plus quam me. Ego P. Clodium arbitrabar perniciosum civem, sceleratum, libidinosum, impium, audacem, facinerosum, tu contra sanctum, temperantemm innocentem, modestum, retinendum civem et optandum. In hoc uno te plurimum vidisse, me multum errasse concedo. Nam quod me tecum iracunde agere dixisti solere, non est ita. Vehementer me agere fateor, iracunde nego. Omnino irasci non temere soleo, ne si merentur quidem.

Itaque sine verborum contumelia a te dissentire possum, sine animi summo dolore non possum. Parva est enim mihi tecum aut parva de re dissensio? ego huic faveo, tu illi? Immo vero ego D. Bruto faveo, tu M. Antonio; ego conservari coloniam populi Romani cupio, tu expugnari studes. An hoc negare potes, qui omnes moras interponas, quibus infirmetur Brutus, melior fiat Antonius? Quousque enim dices pacem velle te? Res geritur, +conductae liniae sunt, pugnatur acerrime. Qui intercurrerent, misimus tris principes civitatis. Hos contempsit, reiecit, repudiavit Antonius; tu tamen permanes constantissimus defensor Antoni.

Et quidem, quo melior senator videatur, negat se illi amicum esse debere; cum suo magno esset beneficio, venisse eum contra se. Vide, quanta caritas sit patriae; cum homini sit iratus, tamen rei publicae causa defendit Antonium. Ego te, cum in Massiliensis tam es acerbus, Q. Fufi, non animo aequo audio. Quousque enim Massiliam oppugnabis? ne triumphus quidem finem facit belli, per quem lata est urbs ea, sine qua numquam ex Transalpinis gentibus maiores nostri triumphaverunt? Quo quidem tempore populus Romanus ingemuit; quamquam proprios dolores suarum rerum omnes habebant, tamen huius civitatis fidelissimae miserias nemo erat civis qui a se alienas arbitraretur.

Caesar ipse, qui illis fuerat iratissimus, tamen propter singularem eius civitatis gravitatem et fidem cotidie aliquid iracundiae remittebat; te nulla sua calamitate civitas satiare tam fidelis potest? Rursus iam me irasci fortasse dices. Ego autem sine iracundia dico omnia, nec tamen sine dolore animi; neminem illi civitati inimicum esse arbitror, qui amicus huic sit civitati. Excogitare, quae tua ratio sit, Calene, non possum. Antea deterrere te, ne popularis esses, non poteramus; exorare nunc, ut sis popularis, non possumus. Satis multa cum Fufio ac sine odio omnia, nihil sine dolore. Credo autem, qui generi querelam moderate ferat, aequo animo laturum amici.

Venio ad reliquos consularis, quorum nemo est (iure hoc meo

dico), quin mecum habeat aliquam coniunctionem gratiae, alii maximam, alii mediocrem, nemo nullam. Quam hesternus dies nobis, consularibus dico, turpis inluxit! Iterum legatos? Quid, si ille faceret inducias? Ante os oculosque legatorum tormentis Mutinam verberavit, opus ostendebat munitionemque legatis, ne punctum quidem temporis, cum legati adessent, oppugnatio respiravit. Ad hunc legatos? cur? an ut eorum reditu vehementius pertimescatis?

Equidem cum ante legatos decerni non censuissem, hoc me tamen consolabar, quod, cum illi ab Antonio contempti et reiecti revertissent renuntiavissentque senatui non modo illum de Gallia non discessisse, uti censuissemus, sed ne a Mutina quidem recessisse, potestatem sibi D. Bruti conveniendi non fuisse, sperabam fore ut omnes inflammati odio, excitati dolore armis, equis, viris D. Bruto subveniremus. Nos etiam languidiores postea facti sumus, quam M. Antoni non solum audaciam et scelus, sed etiam insolentiam superbiamque perspeximus.

Utinam L. Caesar valeret, Servius Sulpicius viveret! multo melius haec causa ageretur a tribus, quam nunc agitur ab uno. Dolenter hoc dicam potius quam contumeliose: Deserti, deserti, inquam, sumus, patres conscripti, a principibus. Sed (saepe iam dixi) omnes in tanto periculo, qui recte et fortiter sentient, erunt consulares. Animum nobis adferre legati debuerunt; timorem attulerunt (quamquam mihi quidem nullum), quamvis de illo, ad quem missi sunt, bene existiment; a quo etiam mandata acceperunt.

Pro di immortales! ubi est ille mos virtusque maiorum? C. Popilius apud maiores nostros cum ad Antiochum regem legatus missus esset et verbis senatus nuntiasset, ut ab Alexandrea discederet, quam obsidebat, cum tempus ille differret, virgula stantem circumscripsit dixitque se +renuntiaturum senatui, nisi prius sibi respondisset, quid facturus esset, quam ex illa circumscriptione exisset. Praeclare; senatus enim faciem secum attulerat auctoritatemque populi Romani. Cui qui non paret, non ab eo mandata accipienda sunt, sed ipse est potius repudiandus.

An ego ab eo mandata acciperem, qui senatus mandata contemneret, aut ei cum senatu quicquam commune iudicarem, qui imperatorem populi Romani senatu prohibente opsideret? At quae mandata! qua adrogantia, quo stupore, quo spiritu! Cur autem ea legatis nostris dabat, cum ad nos Cotylam mitteret, ornamentum atque arcem amicorum suorum, hominem aedilicium? si vero tum fuit aedilis, cum eum iussu Antoni in convivio servi publici loris ceciderunt.

At quam modesta mandata! Ferrei sumus, patres conscripti, qui quicquam huic negemus. 'Utramque provinciam', inquit 'remitto, exercitum depono, privatus esse non recuso.' Haec sunt enim verba. Redire ad se videtur. 'Omnia obliviscor, in gratiam redeo.' Sed quid adiungit? 'si legionibus meis sex, si equitibus, si cohorti praetoriae praemia agrumque dederitis.' Iis etiam praemia postulat, quibus ut ignoscatur si postulet, impudentissimus iudicetur. Addit praeterea, ut, quos ipse cum Dolabella dederit agros, teneant ii, quibus dati sint.

Hic est Campanus ager et Leontinus, quae duo maiores nostri annonae perfugia ducebant. Cavet mimis, aleatoribus, lenonibus, Cafoni etiam et Saxa cavet, quos centuriones pugnaces et lacertosos inter mimorum et mimarum greges collocavit. Postulat praeterea, ut chirographorum sua et commentariorum collegaeque sui decreta maneant. Quid laborat, ut habeat, quod quisque mercatus est, si, quod accepit, habet, qui vendidit? et ne tangantur rationes ad Opis, id est, ne septiens miliens reciperetur, ne fraudi sit septemviris, quod egissent. Nucula hoc, credo, admonuit; verebatur fortasse, ne amitteret tantas clientelas. Caveri etiam volt iis, qui secum sint, quicquid contra leges commiserint. Mustelae et Tironi prospicit; de se nihil laborat;

quid enim commisit umquam? num aut pecuniam publicam attigit aut hominem occidit aut secum habuit armatos? Sed quid est, quod de iis laboret? Postulat enim, ne sua iudiciaria lex abrogetur. Quo impetrato quid est quod metuat? an ne suorum aliquis a Cyda, Lysiade, Curio condemnetur? Neque tamen nos urget mandatis pluribus; remittit aliquantum et relaxat. 'Galliam' inquit 'togatam remitto, comatam postulo' (otiosus videlicet esse mavult) 'cum sex legionibus', inquit, 'iisque suppletis ex D. Bruti exercitu', non modo ex dilectu suo, tamdiuque ut optineat, dum M. Brutus C. Cassius consules prove consulibus provincias optinebunt. Huius comitiis Gaius frater (eius est enim annus) iam repulsam tulit.

'Ipse autem ut quinquennium', inquit, 'optineam'. At istud vetat lex Caesaris, et tu acta Caesaris defendis. Haec tu mandata, L. Piso, et tu, L. Philippe, principes civitatis, non dico animo ferre, verum auribus accipere potuistis? Sed, ut suspicor, terror erat quidam, nec vos ut legati apud illum fuistis nec ut consulares, nec vos vestram nec rei publicae dignitatem tenere potuistis. Et tamen nescio quo pacto sapientia quadam, credo, quod ego non possem, non nimis irati revertistis. Vobis M. Antonius nihil tribuit clarissimis viris legatis populi Romani; nos quid non legato M. Antoni Cotylae concessimus? Cui portas huius urbis patere ius non erat, huic hoc templum patuit, huic aditus in senatum fuit, hic hesterno die sententias vestras in codicillos et omnia verba referebat, huic se etiam summis honoribus usi contra suam dignitatem venditabant.

O di immortales! quam magnum est personam in re publica tueri principis! quae non animis solum debet, sed etiam oculis servire civium. Domum recipere legatum hostium, in cubiculum admittere, etiam seducere hominis est nihil de dignitate, nimium de periculo cogitantis. Quod autem est periculum? Nam si maximum in discrimen venitur, aut libertas parata victori est aut mors proposita victo, quorum alterum optabile est, alterum effugere nemo potest. Turpis autem fuga mortis omni est morte peior.

Nam illud quidem non adducor ut credam, esse quosdam, qui invideant alicuius constantiae, qui labori eius, qui eius perpetuam in re publica adiuvanda voluntatem et senatui et populo Romano probari moleste ferant. Omnes id quidem facere debebanus, eaque erat non modo apud maiores nostros, sed etiam nuper summa laus consularium, vigilare, adesse animo, semper aliquid pro re publica aut cogitare aut facere aut dicere.

Ego, patres conscripti, Q. Scaevolam augurem memoria teneo bello Marsico, cum esset summa senectute et perdita valetudine, cotidie, simul atque luceret, facere omnibus conveniendi sui potestatem; nec eum quisquam illo bello vidit in lecto, senexque et debilis primus veniebat in curiam. Huius industriam maxime equidem vellem ut imitarentur ii, quos oportebat, secundo autem loco, ne alterius labori inviderent.

Etenim, patres conscripti, cum in spem libertatis sexennio post sumus ingressi diutiusque servitutem perpessi, quam captivi servi frugi et diligentes solent, quas vigilias, quas sollicitudines, quos labores liberandi populi Romani causa recusare debemus? Equidem, patres conscripti, quamquam hoc honore usi togati solent esse, cum est in sagis civitas, statui tamen a vobis ceterisque civibus in tanta atrocitate temporis tantaque perturbatione rei publicae non differre vestitu. Non enim ita gerimus nos hoc bello consulares, ut aequo animo populus Romanus visurus sit nostri honoris insignia, cum partim e nobis ita timidi sint, ut omnem populi Romani beneficiorum memoriam abiecerint, partim ita a re publica aversi, ut se hosti favere prae se ferant, legatos nostros ab Antonio despectos et inrisos facile patiantur, legatum Antoni sublevatum velint. Hunc enim reditu ad Antonium prohiberi negabant oportere et in eodem excipiendo sententiam meam corrigebant. Quibus geram morem. Redeat ad imperatorem suum Varius, sed ea lege, ne umquam Romam revertatur. Ceteris autem, si errorem suum deposuerint et cum re publica in gratiam redierint, veniam et inpunitatem dandam puto.

Quas ob res ita censeo: 'Eorum, qui cum M. Antonio sint, qui ab armis discesserint et aut ad C. Pansam aut ad A.Hirtium consules aut ad D. Brutum imperatorem, consulem designatum, aut ad C. Caesarem pro praetore ante Idus Martias primas adierint, iis fraudi ne sit, quod cum M. Antonio fuerint. Si quis eorum, qui cum M. Antonio sunt, fecerit, quod honore praemiove primo quoque die ad senatum referant. Si quis post hoc senatus consultum ad Antonium profectus esset praeter L. Varium, senatum existimaturum eum contra rem publicam fecisse.'

PHILIPPICA NONA

Vellem di immortales fecissent, patres conscripti, ut vivo potius Ser. Sulpicio gratias ageremus quam honores mortuo quaereremus. Nec vero dubito, quin, si ille vir legationem renuntiare potuisset, reditus eius et vobis gratus fuerit et rei publicae salutaris futurus, non quo L. Philippo et L. Pisoni aut studium aut cura defuerit in tanto officio tantoque munere, sed cum Ser. Sulpicius aetate illis anteiret, sapientia omnis, subito ereptus e causa totam legationem orbam et debilitatam reliquit.

Quodsi cuiquam iustus honos habitus est in morte legato, in nullo iustior quam in Ser. Sulpicio reperietur. Ceteri, qui in legatione mortem obierunt, ad incertum vitae periculum sine ullo mortis metu profecti sunt, Ser. Sulpicius cum aliqua perveniendi ad M. Antonium spe profectus est, nulla revertendi. Qui cum ita adfectus esset ut, si ad gravem valetudinem labor accessisset, sibi ipse diffideret, non recusavit quo minus vel extremo spiritu, si quam opem rei publicae ferre posset, experiretur. Itaque non illum vis hiemis, non nives, non longitudo itineris, non asperitas viarum, non morbus ingravescens retardavit, cumque iam ad congressum colloquiumque eius pervenisset ad quem erat missus, in ipsa cura ac meditatione obeundi sui muneris excessit e vita.

Ut igitur alia, sic hoc, C. Pansa, praeclare, quod et nos ad honorandum Ser. Sulpicium cohortatus es et ipse multa copiose de illius laude dixisti. Quibus a te dictis nihil praeter sententiam dicerem, nisi P. Servilio, clarissimo viro, respondendum putarem, qui hunc honorem statuae nemini tribuendum censuit nisi ei, qui ferro esset in legatione interfectus. Ego autem, patres conscripti, sic interpretor sensisse maiores nostros, ut causam mortis censuerint, non genus esse quaerendum. Etenim cui legatio ipsa causa mortis fuisset, eius monumentum exstare voluerunt, ut in bellis periculosis obirent homines legationis munus audacius. Non igitur exempla maiorum quaerenda, sed consilium est eorum, a quo ipsa exempla nata sunt explicandum.

Lars Tolumnius, rex Veientium, quattuor legatos populi Romani Fidenis interemit, quorum statuae steterunt usque ad meam memoriam in rostris. Iustus honos; iis enim maiores nostri, qui ob rem publicam mortem obierant, pro brevi vita diuturnam memoriam reddiderunt. Cn. Ottavi, clari viri et magni, qui primus in eam familiam, quae postea viris fortissimis floruit, attulit consulatum, statuam videmus in rostris. Nemo tum novitati invidebat, nemo virtutem non honorabat. At ea fuit legatio Octavi, in qua periculi suspicio non subesset. Nam cum esset missus a senatu ad animos regum perspiciendos liberorumque populorum maximeque, ut nepotem regis Antiochi, eius, qui cum maioribus nostris bellum gesserat, classis habere, elephantos alere prohibiret, Laudiceae in gymnasio a quodam Leptine est interfectus.

Reddita est ei tum a maioribus statua pro vita, quae multos per annos progeniem eius honestaret, nunc ad tantae familiae memoriam sola restaret. Atqui et huic et Tullo Cluilio et L. Roscio et Sp. Antio et C. Fulcinio, qui a Veientium rege caesi sunt, non sanguis, qui est profusus in morte, sed ipsa mors ob rem publicam obita honori fuit. Itaque, patres conscripti, si Ser. Sulpicio casus mortem attulisset, dolorem equidem tanto rei publicae vulnere, mortem vero eius non monumento, sed luctu publico esse ornandam putarem. Nunc autem quis dubitat quin ei vitam abstulerit ipsa legatio? Secum enim ille mortem extulit, quam, si nobiscum remansisset, sua cura, optimi filii fidelissimaeque coniugis diligentia vitare potuisset.

At ille cum videret, si vestrae auctoritati non paruisset, dissimilem se futurum sui, sin paruisset, munus sibi illud pro re publica susceptum vitae finem fore, maluit in maximo rei publicae discrimine emori quam minus, quam potuisset, videri rei publicae profuisse. Multis illi in urbibus, iter qua faciebat, reficiendi se et curandi potestas fuit. Aderat et hospitum invitatio liberalis pro dignitate summi viri et eorum hortatio, qui una erant missi, ad requiescendum et vitae suae consulendum. At ille properans, festinans, mandata vestra conficere cupiens in hac constantia modo adversante perseveravit.

Cuius cum adventu maxime perturbatus esset Antonius, quod ea, quae sibi iussu vestro denuntiarentur, auctoritate erant et sententia Ser. Sulpici constituta, declaravit, quam odisset senatum, cum auctorem senatus exstinctum laete atque insolenter tulit. Non igitur magis Leptines Octavium nec Veientium rex eos, quos modo nominavi, quam Ser. Sulpicium occidit Antonius. Is enim profecto mortem attulit, qui causa mortis fuit. Quocirca etiam ad posteritatis memoriam pertinere arbitror extare, quod fuerit de hoc bello iudicium senatus. Erit enim statua ipsa testis bellum tam grave fuisse, ut legati interitus honoris memoriam consecutus sit. Quodsi excusationem Ser. Sulpici, patres conscripti, legationis obeundae recordari volueritis, nulla dubitatio relinquetur, quin honore mortui, quam vivo iniuriam fecimus, sarciamus. Vos enim, patres conscripti (grave dictu est sed dicendum tamen), vos, inquam, Ser. Sulpicium vita privastis; quem cum videretis re magis morbum quam oratione excusantem, non vos quidem crudeles fuistis (quid enim minus in hunc ordinem convenit?), sed, cum speraretis nihil esse, quod non illius auctoritate et sapientia effici posset, vehementius excusationi obstitistis atque eum, qui semper vestrum consensum gravissimum iudicavisset, de sententia deiecistis.

Ut vero Pansae consulis accessit cohortatio gravior, quam aures Ser. Sulpici ferre didicissent, tum vero denique filium meque seduxit atque ita locutus est, ut auctoritatem vestram vitae suae se diceret anteferre. Cuius nos virtutem admirati non ausi sumus adversari voluntati. Movebatur singulari pietate filius; non multum eius perturbationi meus dolor concedebat; sed uterque nostrum cedere cogebatur magnitudini animi orationisque gravitati, cum quidem ille maxima laude et gratulatione omnium vestrum pollicitus est se, quod velletis, esse facturum, neque eius sententiae periculum vitaturum, cuius ipse auctor fuisset; quem exsequi mandata vestra properantem mane postridie prosecuti sumus. Qui quidem discedens mecum ita locutus est, ut eius oratio omen fati videretur.

Reddite igitur, patres conscripti, ei vitam, cui ademistis. Vita enim mortuorum in memoria est posita vivorum. Perficite, ut is quem vos inscii ad mortem misistis, immortalitatem habeat a vobis. Cui si statuam in rostris decreto vestro statueritis, nulla eius legationem posteritatis obscurabit oblivio. Nam reliqua Ser. Sulpici vita multis erit praeclarisque monumentis ad omnem memoriam commendata. Semper illius gravitatem, constantiam, fidem, praestantem in re publica tuenda curam atque prudentiam omnium mortalium fama celebrabit. Nec vero silebitur admirabilis quaedam et incredibilis ac paene divina eius in legibus interpretandis, aequitate explicanda scientia. Omnes ex omni aetate, qui in hac civitate intellegentiam iuris habuerunt, si unum in locum conferantur, cum Ser. Sulpicio non sint comparandi. Nec enim ille magis iuris consultus quam iustitiae fuit.

Ita ea quae proficiscebantur a legibus et ab iure civili, semper ad facilitatem aequitatemque referebat neque instituere litium actiones malebat quam controversias tollere. Ergo hoc statuae monumento non eget, habet alia maiora. Haec enim statua mortis honestae testis erit, illa memoria vitae gloriosae, ut hoc magis monimentum grati senatus quam clari viri futurum sit.

Multum etiam valuisse ad patris honorem pietas fili videbitur; qui quamquam adflictus luctu non adest, tamen sic animati esse debetis, ut si ille adesset. Est autem ita adfectus, ut nemo umquam unici fili mortem magis doluerit, quam ille maeret patris. Et quidem etiam ad famam Ser. Sulpici fili arbitror pertinere, ut videatur honorem debitum patri praestitisse. Quamquam nullum monumentum clarius Ser. Sulpicius relinquere potuit quam effigiem morum suorum, virtutis, constantiae, pietatis, ingenii filium, cuius luctus aut hoc honore vestro aut nullo solacio levari potest.

Mihi autem recordanti Ser. Sulpici multos in nostra familiaritate sermones gratior illi videtur, si qui est sensus in morte, aenea statua futura, et ea pedestris, quam inaurata equestris, qualis L. Sullae primum statuta est. Mirifice enim Servius maiorum continentiam diligebat, huius saeculi insolentiam vituperabat. Ut igitur, si ipsum consulam, quid velit, sic pedestrem ex aere statuam tamquam ex eius auctoritate et voluntate decerno; quae quidem magnum civium dolorem et desiderium honore monumenti minuet et leniet.

Atque hanc meam sententiam, patres conscripti, P. Servili sententia comprobari necesse est, qui sepulchrum publice decernendum Ser. Sulpicio censuit, statuam non censuit. Nam si mors legati sine caede atque ferro nullum honorem desiderat, cur decernit honorem sepulturae, qui maximus haberi potest mortuo? Sin id tribuit Ser. Sulpicio, quod non est datum Cn. Octavio, cur, quod illi datum est, huic dandum esse non censet? Maiores quidem nostri statua multis decreverunt, sepulchra paucis. Sed statuae intereunt tempestate, vi, vetustate, sepulchrorum autem sanctitas in ipso solo est, quod nulla vi moveri neque deleri potest, atque, ut cetera extinguuntur, sic sepulchra sanctiora fiunt vetustate.

Augeatur igitur isto honore etiam is vir, cui nullus honos tribui non debitus potest; grati simus in eius morte decoranda, cui nullam iam aliam gratiam referre possumus. Notetur etiam M. Antoni nefarium bellum gerentis scelerata audacia. His enim honoribus habitis Ser. Sulpicio repudiatae reiectaeque legationis ab Antonio manebit testificatio sempiterna. Quas ob res ita censeo: 'cum Ser. Sulpicius Q. f. Lemonia Rufus difficillimo rei publicae tempore gravi periculosque morbo adfectus auctoritatem senatus, salutem rei publicae vitae suae praeposuerit contraque vim gravitatemque morbi contenderit, ut in castra M. Antoni, quo senatus eum miserat, perveniret, isque cum iam prope castra venisset, vi morbi oppressus vitam amiserit maximo rei publicae tempore, eiusque mors consentanea vitae fuerit sanctissime honestissimeque actae, in qua saepe magno usui rei publicae Ser. Sulpicius et privatus et in magistratibus fuerit:

cum talis vir ob rem publicam in legatione mortem obierit, senatui placere Ser. Sulpicio statuam pedestrem aeneam in rostris ex huius ordinis sententia statui circumque eam statuam locum ludis gladiatoribusque liberos posterosque eius quoquo versus pedes quinque habere, quod is ob rem publicam mortem obierit, eamque causam in basi inscribi; utique C. Pansa A. Hirtius consules, alter ambove, si iis videatur, quaestoribus urbis imperent, ut eam basim statuamque faciendam et in rostris statuendam locent, quantique locaverint, tantam pecuniam redemptori adtribuendam solvendamque curent. Cumque antea senatus auctoritatem suam in virorum fortium funeribus ornamentisque ostenderit, placere eum quam amplissime supremo suo die efferri.

Et cum Ser. Sulpicius Q. f. Lemonia Rufus ita de re publica meritus sit, ut iis ornamentis decorari debeat, senatum censere atque e re publica existimare aediles curules edictum, quod de funeribus habeant, Ser. Sulpici Q. f. Lemonia Rufi funeri remittere; utique locum sepulchro in campo Esquilino C. Pansa consul, seu quo in loco videbitur, pedes triginta quoquo versus adsignet, quo Ser. Sulpicius inferatur; quod sepulchrum ipsius, liberorum posterorumque eius esset, uti quod optimo iure publice sepulchrum datum esset.'

PHILIPPICA DECIMA

Maximas tibi, Pansa, gratias omnes et habere et agere debemus, qui, cum hodierno die senatum te habiturum non arbitraremur, ut M. Bruti, praestantissimi civis, litteras accepisti, ne minimam quidem moram interposuisti, quin quam primum maximo gaudio et gratulatione frueremur. Cum factum tuum gratum omnibus debet esse, tum vero oratio, qua recitatis litteris usus es. Declarasti enim verum esse id, quod ego semper sensi, neminem alterius, qui suae confideret, virtuti invidere.

Itaque mihi, qui plurimis officiis sum cum Bruto et maxima familiaritate coniunctus, minus multa de illo dicenda sunt. Quas enim ipse mihi partis sumpseram, eas praecepit oratio tua. Sed mihi, patres conscripti, necessitatem attulit paulo plura dicendi sententia eius, qui rogatus est ante me; a quo ita saepe dissentio, ut iam verear, ne, id quod fieri minime debet, minuere amicitiam nostram videatur perpetua dissensio.

Quae est enim ista tua ratio, Calene, quae mens, ut numquam post Kalendis Ianuarias idem senseris, quod is, qui te sententiam primum rogat, numquam tam frequens senatus fuerit, ut unus aliquis sententiam tuam secutus sit? Cur semper tui dissimilis defendis, cur, cum te et vita et fortuna tua ad otium, ad dignitatem invitet, ea probas, ea decernis, ea sentis, quae sint inimica et otio communi et dignitati tuae?

Nam ut superiora omittam, hoc certe, quod mihi maximam admirationem movet, non tacebo. Quod est tibi cum Brutis bellum? cur eos, quos omnes paene venerari debemus, solus oppugnas? Alterum circumsederi non moleste fers, alterum tua sententia spolias iis copiis, quas ipse suo labore et periculo ad rei publicae, non ad suum praesidium per se nullo adiuvante, confecit. Qui est iste tuus sensus, quae cogitatio, Brutos ut non probes, Antonios probes; quos omnes carissimos habent, tu oderis, quos acerbissime ceteri oderunt, tu constantissime diligas? Amplissimae tibi fortunae sunt, summus honoris gradus, filius, ut et audio et spero, natus ad laudem, cui cum rei publicae causa faveo, tum etiam tua.

Quaero igitur, eum Brutine similem malis an Antoni, ac permitto, ut de tribus Antoniis eligas, quem velis. 'Di meliora'! inquies. Cur igitur non iis faves, eos laudas, quorum similem tuum filium esse vis? Simul enim et rei publicae consules et propones illi exempla ad imitandum. Hoc vero, Q. Fufi, cupio sine offensione nostrae amicitiae sic tecum ut a te dissentiens senator queri. Ita enim dixisti, et quidem de scripto (nam te inopia verbi lapsum putarem nisi tuam in dicendo facultatem nossem), litteras Bruti recte et ordine scriptas videri. Quid est aliud librarium Bruti laudare, non Brutum?

Usum in re publica, Calene, magnum iam habere et debes et potes. Quando ita decerni vidisti aut quo senatus consulto huius generis (sunt enim innumerabilia) bene scriptas litteras decretum a senatu? Quod verbum tibi non excidit, ut saepe fit, fortuito; scriptum, meditatum, cogitatum attulisti. Hanc tibi consuetudinem plerisque in rebus bonis obtrectandi si qui detraxerit, quid tibi, quod sibi quisque velit, non relinquetur? Quam ob rem collige te placaque animum istum aliquando et mitiga, audi viros bonos, quibus multis uteris, loquere cum sapientissimo homine genero tuo saepius quam ipse tecum; tum denique amplissimi honoris nomen optinebis. An vero hoc pro nihilo putas, in quo quidem pro amicitia tuam vicem dolere soleo, efferri hoc foras et ad populi Romani auris pervenire, ei, qui primus sententiam dixerit, neminem adsensum? quod etiam hodie futurum arbitror. Legiones abducis a Bruto. Quas? nempe eas, quas ille a C. Antoni scelere avertit et ad rem publicam sua auctoritate traduxit. Rursus igitur vis nudatum illum atque solum a re publica relegatum videri.

Vos autem, patres conscripti, si M. Brutum deserueritis et prodideritis, quem tandem civem umquam ornabitis, cui favebitis? nisi forte eos, qui diadema imposuerint, convervandos, eos, qui regis nomen sustulerint, deserendos putatis. Ac de hac quidem divina atque immortali laude Bruti silebo, quae gratissima memoria omnium civium inclusa nondum publica auctoritate testata est. Tantamne patientiam, di boni, tantam moderationem, tantam in iniuria tranquillitatem et modestiam! qui cum praetor urbis esset, urbe caruit, ius non dixit, cum omne ius rei publicae recuperavisset, cumque concursu cotidiano bonorum omnium, qui admirabilis ad eum fieri solebat, praesidioque Italiae cunctae saeptus posset esse, apsens iudicio bonorum defensus esse maluit quam praesens manu; qui ne Apollinaris quidem ludos pro sua populique Romani dignitate apparatos praesens fecit, ne quam viam patefaceret sceleratissimorum hominum audaciae.

Quamquam qui umquam aut ludi aut dies laetiores fuerunt, quam cum in singulis versibus populus Romanus maximo clamore et plausu Bruti memoriam prosequebatur? Corpus aberat liberatoris, libertatis memoria aderat; in qua Bruti imago cerni videbatur. At hunc iis ipsis ludorum diebus videbam in insula clarissimi adulescentis, Luculli, propinqui sui, nihil nisi de pace et concordia civium cogitantem. Eundem vidi postea Veliae cedentem Italia, ne qua oreretur belli civilis causa propter se. O spectaculum illud non modo hominibus, sed undis ipsis et litoribus luctuosum, cedere e patria servatorem eius, manere in patria perditores! Cassi classis paucis post diebus consequebatur, ut me puderet, patres conscripti, in eam urbem redire, ex qua illi abirent. Sed quo consilio redierim, initio audistis, post estis experti.

Exspectatum igitur tempus a Bruto est. Nam, quoad vos omnia pati vidit, usus est ipse incredibili patientia; posteaquam vos ad libertatem sensit erectos, praesidia vestrae libertati paravit. At cui pesti quantaeque restitit! Si enim C. Antonius, quod animo intenderat perficere potuisset (potuisset autem, nisi eius sceleri virtus M. Bruti obstitisset), Macedoniam, Illyricum, Graeciam perdidissemus; esset vel receptaculum pulso Antonio vel agger oppugnandae Italiae Graecia; quae quidem nunc M. Bruti imperio, auctoritate, copiis non instructa solum, sed etiam ornata tendit dexteram Italiae suumque ei praesidium pollicetur; quod qui ab illo abducit exercitum, et respectum pulcherrimum et praesidium firmissimum adimit rei publicae.

Equidem cupio haec quam primum Antonium audire, ut intellegat non D. Brutum, quem vallo circumsedeat, sed se ipsum obsideri. Tria tenet oppida toto in orbe terrarum, habet inimicissimam Galliam, eos etiam, quibus confidebat, alienissimos, Transpadanos; Italia omnis infesta est; exterae nationes a prima ora Graeciae usque ad Aegyptum optimorum et fortissimorum civium imperiis et praesidiis tenentur. Erat ei spes una in C. Antonio, qui duorum fratrum aetatibus medius interiectus vitiis cum utroque certabat. Is tamquam extruderetur a senatu in Macedoniam et non contra prohiberetur proficisci, ita cucurrit.

Quae tempestas, di immortales, quae flamma, quae vastitas quae pestis Graeciae fuisset, nisi incredibilis ac divina virtus furentis hominis conatum atque audaciam compressisset! quae celeritas illa Bruti, quae cura, quae virtus! Etsi ne C. quidem Antoni celeritas contemnenda est, quam nisi in via caducae hereditates retardassent, volasse eum, non iter fecisse diceres. Alios ad negotium publicum ire cum cupimus, vix solemus extrudere, hunc retinentes extrusimus. At quid ei cum Apollonia, quid cum Dyrrachio, quid cum Illyrico, quid cum P. Vatini imperatoris exercitu? Succedebat, ut ipse dicebat, Hortensio. Certi fines Macedoniae, certa condicio, certus, si modo erat ullus, exercitus; cum Illyrico vero et cum Vatini legionibus quid erat Antonio? At ne Bruto quidem; id enim fortasse quispiam improbus dixerit. Omnes legiones, omnes copiae, quae ubique sunt, rei publicae sunt; nec enim eae legiones quae M. Antonium reliquerunt, Antoni potius quam rei publicae fuisse dicentur. Omne enim et exercitus et imperii ius amittit is, qui eo imperio et exercitu rem publicam oppugnat. Quodsi ipsa res publica iudicaret, aut si omne ius decretis eius statueretur, Antonione an Bruto legiones populi Romani adiudicaret? Alter advolarat subito ad direptionem pestemque sociorum, ut, quacumque iret, omnia vastaret, diriperet, auferret, exercitu populi Romani contra ipsum populum Romanum uteretur; alter eam legem sibi statuerat, ut, quocumque venisset, lux venisse quaedam et spes salutis videretur. Denique alter ad evertendam rem publicam praesidia quaerebat, alter ad conservandam. Nec vero nos hoc magis videbamus quam ipsi milites, a quibus tanta in iudicando prudentia non erat postulanda.

Cum cohortibus esse Apolloniae scribit Antonium, qui iam captus est (quod di duint!) aut certe homo verecundus in Macedoniam non accedit, ne contra senatus consultum fecisse videatur. Dilectus habitus in Macedonia est summo Q. Hortensi studio et industria, cuius animum egregium dignumque ipso et maioribus eius ex Bruti litteris perspicere potuistis. Legio, quam L.Piso ducebat, legatus Antoni, Ciceroni se filio meo tradidit. Equitatus, qui in Syriam ducebatur bipertito, alter eum quaestorem, a quo ducebatur, reliquit in Thessalia seseque ad Brutum contulit, alterum in Macedonia Cn.Domitius adulescens summa virtute, gravitate, constantia a legato Syriaco abduxit. P. autem Vatinius, qui et antea iure laudatus a vobis et hoc tempore merito laudandus est, aperuit Dyrrachi portas Bruto et exercitum tradidit.

Tenet igitur res publica Macedoniam, tenet Illyricum, tuetur Graeciam; nostrae sunt legiones, nostra levis armatura, noster equitatus, maximeque noster est Brutus semperque noster cum sua excellentissima virtute rei publicae natus, tum fato quodam paterni maternique generis et nominis. VII Ab hoc igitur viro quisquam bellum timet, qui, antequam nos id coacti suscepimus, in pace iacere quam in bello vigere maluit? Quamquam ille quidem numquam iacuit, neque hoc cadere verbum in tantam virtutis praestantiam potest. Erat enim in desiderio civitatis, in ore, in sermone omnium; tantum autem aberat a bello, ut, cum cupiditate libertatis Italia arderet, defuerit civium studiis potius quam eos in armorum discrimen adduceret. Itaque illi ipsi, si qui sunt, qui tarditatem Bruti reprehendant, tamen idem moderationem patientiamque mirantur.

Sed iam video, quae loquantur; neque enim id occulte faciunt. Timere se dicunt, quo modo ferant veterani exercitum Brutum habere. Quasi vero quicquam intersit inter A. Hirti, C. Pansae, D. Bruti, C. Caesaris et hunc exercitum M. Bruti. Nam, si quattuor exercitus ii, de quibus dixi, propterea laudantur, quod pro populi Romani libertate arma ceperunt, quid est cur hic M. Bruti exercitus non in eadem causa ponatur? At enim veteranis suspectum nomen est M. Bruti. Magisne quam Decimi? Equidem non arbitror. Etsi est enim Brutorum commune factum et laudis societas aequa, Decimo tamen *eo* iratiores erant ii, qui id factum dolebant, quo minus ab eo rem illam dicebant fieri debuisse. Quid ergo agunt nunc tot exercitus, nisi ut obsidione Brutus liberetur? qui autem hos exercitus ducunt? Ii, credo, qui C. Caesaris actas everti, qui causam veteranorum prodi volunt.

Si ipse viveret C. Caesar, acrius, credo, acta sua defenderet, quam vir fortissimus defendit Hirtius, aut amicior causae quisquam inveniri potest quam filius. At horum alter, nondum ex longinquitate gravissimi morbi recreatus, quicquid habuit virium, id in eorum libertatem defendendam contulit, quorum votis iudicavit se a morte revocatum, alter virtutis robore firmior quam aetatis cum istis ipsis veteranis ad D. Brutum liberandum est profectus. Ergo illi certissimi idemque acerrimi Caesaris actorum patroni pro D. Bruti salute bellum gerunt; quos veterani sequuntur: de libertate enim populi Romani, non de suis commodis armis decernendum vident.

Quid est igitur, cur iis, qui D. Brutum omnibus opibus conservatum velint, M. Bruti sit suspectus exercitus? An vero, si quid esset, quod a M. Bruto timendum videretur, Pansa id non videret aut, si videret, non laboraret? Quis aut sapientior ad coniecturam rerum futurarum aut ad propulsandum metum diligentior? Atquin huius animum erga M. Brutum studiumque vidistis. Praecepit oratione sua, quid decernere nos de M. Bruto, quid sentire oporteret, tantumque afuit, ut periculosum rei publicae M. Bruti putaret exercitum, ut in eo firmissimum rei publicae praesidium et gravissimum poneret. Scilicet hoc Pansa aut non videt (hebeti enim ingenio est) aut neglegit; quae enim Caesar egit, ea rata esse non curat; de quibus confirmandis et sanciendis legem comitiis centuriatis ex auctoritate nostra laturus est. Desinant igitur aut ii, qui non timent, simulare se timere et prospicere rei publicae aut ii, qui omnia verentur, nimium esse timidi, ne illorum simulatio, horum obsit ignavia.

Quae, malum! est ista ratio semper optimis causis veteranorum nomen opponere? Quorum etiamsi amplecterer virtutem, ut facio, tamen, si essent adrogantes, non possem ferre fastidium. An nos conantis servitutis vincla rumpere impediet, si quis veteranos nolle dixerit? Non sunt enim, credo, innumerabiles, qui pro communi libertate arma capiant; nemo est praeter veteranos milites vir, qui ad servitutem propulsandam ingenuo dolore excitetur; potest igitur stare res publica freta veteranis sine magno subsidio iuventutis. Quos quidem vos libertatis adiutores complecti debetis, servitutis auctores sequi non debetis.

Postremo (erumpat enim aliquando vera et me digna vox!), si veteranorum nutu mentes huius ordinis gubernantur omniaque ad eorum voluntatem nostra dicta, facta referuntur, optanda mors est, quae civibus Romanis semper fuit servitute potior. Omnis est misera servitus; sed fuerit quaedam necessaria; +ecquodnam principium putatis libertatis capessendae? An, cum illum necessarium et fatalem paene casum non tulerimus, hunc feremus voluntarium? Tota Italia desiderio libertatis exarsit, servire diutius non potest civitas; serius populo Romano hunc vestitum atque arma dedimus quam ab eo flagitati sumus.

Magna nos quidem spe et prope explorata libertatis causam suscepimus; sed ut concedam incertos exitus esse belli Martemque communem, tamen pro libertate vitae periculo decertandum est. Non enim in spiritu vita est, sed ea nulla est omnino servienti. Omnes nationes servitutem ferre possunt, nostra civitas non potest, nec ullam aliam ob causam, nisi quod illae laborem doloremque fugiunt, quibus ut careant, omnia perpeti possunt, nos ita a maioribus instituti atque imbuti sumus, ut omnia consilia atque facta ad dignitatem et ad virtutem referremus. Ita praeclara est recuperatio libertatis, ut ne mors quidem sit in repetenda libertate fugienda. Quodsi immortalitas consequeretur praesentis periculi fugam, tamen eo magis ea fugienda videretur, quo diuturnior servitus esset. Cum vero dies et noctes omnia nos undique fata circumstent, non est viri minimeque Romani dubitare eum spiritum, quem naturae debeat, patriae reddere.

Concurritur undique ad commune incendium restinguendum. Veterani, qui primi Caesaris auctoritatem *sunt* secuti, conatum Antoni reppulerunt, post eiusdem furorem Martia legio fregit, quarta afflixit. Sic a suis legionibus condemnatus inrupit in Galliam, quam sibi armis animisque infestam inimicamque cognovit. Hunc A. Hirti, C. Caesaris exercitus insecuti sunt, post Pansae dilectus urbem totamque Italiam erexit. Unus omnium est hostis. Quamquam habet secum Lucium fratrem, carissimum populo Romano civem, cuius desiderium ferre diutius civitas non potest.

Quid illa taetrius belua, quid immanius? qui ob eam causam natus videtur, ne omnium mortalium turpissimus esset M. Antonius. Est una Trebellius, qui iam cum tabulis novis rediit in gratiam, Plancus et ceteri pares, qui id pugnant, id agunt, ut contra rem publicam restituti esse videantur. Et sollicitant homines imperitos Saxa et Cafo, ipsi rustici atque agrestes, qui hanc rem publicam nec viderunt umquam nec videre constitutam volunt, qui non Caesaris, sed Antoni acta defendunt, quos avertit agri Campani infinita possessio; cuius eos non pudere demiror, cum videant se mimos et mimas habere vicinos.

Ad has pestis opprimendas cur moleste feramus quod M. Bruti accessit exercitus? inmoderati, credo, hominis et turbulenti; videte ne nimium paene patientis. Etsi in illius viri consiliis atque factis nihil nec nimium nec parum umquam fuit. Omnis voluntas M. Bruti, patres conscripti, omnis cogitatio, tota mens auctoritatem senatus, libertatem populi Romani intuetur; haec habet proposita, haec tueri vult. Temptavit, quid patientia perficere posset; nihil cum proficeret, vi contra vim experiendum putavit. Cui quidem, patres conscripti, vos idem hoc tempore tribuere debetis, quod a.d. XIII Kalendas Ian. D. Bruto, C. Caesari me auctore tribuistis, quorum privatum de re publica consilium et factum auctoritate vestra est comprobatum atque laudatum.

Quod idem in M. Bruto facere debetis, a quo insperatum et repentinum rei publicae praesidium legionum, equitatus, auxiliorum magnae et firmae copiae comparatae sunt. Adiungendus est Q. Hortensius, qui cum Macedoniam obtineret, adiutorem se Bruto ad comparandum exercitum fidissimum et constantissimum praebuit. Nam de M. Apuleio separatim censeo referendum, cui testis est per litteras M. Brutus, eum principem fuisse ad conatum exercitus comparandi.

Quae cum ita sint, quod C. Pansa consul verba fecit de litteris, quae a Q. Caepione Bruto pro consule allatae et in hoc ordine recitatae sunt, de ea re ita censeo: 'cum Q. Caepionis Bruti pro consule opera, consilio, industria, virtute difficillimo rei publicae tempore provincia Macedonia et Illyricum et cuncta Graecia et legiones, exercitus, equitatus in consulum, senatus populique Romani potestate sint, id Q. Caepionem Brutum pro consule bene et e re publica pro sua maiorumque suorum dignitate consuetudineque rei publicae bene gerendae fecisse, eam rem senatui populoque Romano gratam esse et fore;

utique Q. Caepio Brutus pro consule provinciam Macedoniam, Illyricum cunctamque Graeciam tueatur, defendat, custodiat incolumemque conservet eique exercitui, quem ipse constituit, comparavit, praesit pecuniamque ad rem militarem, si qua opus sit, quae publica sit et exigi possit, utatur, exigat pecuniasque, a quibus videatur, ad rem militarem mutuas sumat frumentumque imperet operamque det, ut cum suis copiis quam proxime Italiam sit; cumque ex litteris Q. Caepionis Bruti pro consule intellectum sit Q. Hortensi pro consule opera et virtute vehementer rem publicam adiutam omniaque eius consilia cum consiliis Q. Caepionis Bruti pro consule coniuncta fuisse, eamque rem magno usui rei publicae fuisse, Q. Hortensium pro consule recte et ordine exque re publica fecisse, senatuique placere Q. Hortensium pro consule cum quaestore prove quaestore et legatis suis provinciam Macedoniam obtinere, quoad ei ex senatus consulto successum sit.'

PHILIPPICA VNDECIMA

Magno in dolore, patres conscripti, vel maerore potius, quem ex crudeli et miserabili morte C. Treboni, optimi civis moderatissimique hominis, accepimus, inest tamen aliquid, quod rei publicae profuturum putem. Perspeximus enim, quanta in iis, qui contra patriam scelerata arma ceperunt inesset immanitas. Nam duo haec capita nata sunt post homines natos taeterrima et spurcissima, Dolabella et Antonius, quorum alter effecit, quod optarat, de altero patefactum est, quid cogitaret. L. Cinna crudelis, C. Marius in iracundia perseverans, L. Sulla vehemens; neque ullius horum in ulciscendo acerbitas progressa ultra mortem est, quae tamen poena in civis nimis crudelis putabatur.

Ecce tibi geminum in scelere par, invisitatum, inauditum, ferum, barbarum. Itaque, quorum summum quondam inter ipsos odium bellumque meministis, eosdem postea singulari inter se consensu et amore devinxit improbissimae naturae et turpissimae vitae similitudo. Ergo id, quod fecit Dolabella, in quo potuit, multis idem minatur Antonius. Sed ille cum procul esset a consulibus exercitibusque nostris nequedum senatum cum populo Romano conspirasse sensisset, fretus Antoni copiis ea scelera suscepit, quae Romae iam suscepta arbitrabatur a socio furoris sui.

Quid ergo hunc aliud moliri, quid optare censetis aut quam omnino causam esse belli? Omnes, qui libere de re publica sensimus, qui dignas nobis sententias diximus, qui populum Romanum liberum esse voluimus, statuit ille quidem non inimicos, sed hostis; maiora tamen in nos quam in hostem supplicia meditatur; mortem naturae poenam putat esse, iracundiae tormenta atque cruciatum. Qualis igitur hostis habendus est is, a quo victore si cruciatus absit, mors in beneficii parte numeretur? Quam ob rem, patres conscripti, quamquam hortatore non egetis (ipsi enim vestra sponte exarsistis ad libertatis recuperandae cupiditatem), tamen eo maiore animo studioque libertatem defendite, quo maiora proposita victis supplicia servitutis videtis.

In Galliam invasit Antonius, in Asiam Dolabella, in alienam uterque provinciam. Alteri se Brutus obiecit impetumque furentis atque omnia divexare ac diripere cupientis vitae suae periculo conligavit, progressu arcuit, a reditu refrenavit; obsideri se passus ex utraque parte constrinxit Antonium. Alter in Asiam inrupit. Cur? Si, ut in Syriam, patebat via et certa neque longa; *sin, ut ad Trebonium*, quid opus fuit cum legione? Praemisso Marso nescio quo Octavio, scelerato latrone atque egenti, qui popularetur agros, vexaret urbes non ad spem constituendae rei familiaris, quam tenere eum posse negant, qui norunt (mihi enim hic senator ignotus est), sed ad praesentem pastum mendicitatis suae, consecutus est Dolabella.

Nulla suspicione belli (quis enim id putaret?) secutae conlocutiones familiarissimae cum Trebonio complexusque summae benivolentiae falsi indices extiterunt in amore simulato; dexterae, quae fidei testes esse solebant, sunt perfidia et scelere violatae; nocturnus introitus Zmyrnam quasi in hostium urbem, quae est fidissimorum antiquissimorumque sociorum; oppressus Trebonius, si ut ab eo, qui aperte hostis esset, incautus, si ut ab eo, qui civis etiam tum speciem haberet, miser. Ex quo nimirum documentum nos capere fortuna voluit, quid esset victis extimescendum. Consularem hominem consulari imperio provinciam Asiam optinentem Samiario exuli tradidit, interficere captum statim noluit, ne nimis, credo, in victoria liberalis videretur. Cum verborum contumeliis optimum virum incesto ore lacerasset, tum verberibus ac tormentis quaestionem habuit pecuniae publicae, idque per biduum. Post cervicibus fractis caput abscidit idque adfixum gestari iussit in pilo; reliquum corpus tractum atque laniatum abiecit in mare.

Cum hoc hoste bellandum est, cuius taeterrima crudelitate omnis barbaria superata est! Quid loquar de caede civium Romanorum, de direptione fanorum? Quis est, qui pro rerum atrocitate deplorare tantas calamitates queat? Et nunc tota Asia vagatur, volitat ut rex, nos alio bello distineri putat; quasi vero non idem unumque bellum sit contra hoc iugum impiorum nefarium. Imaginem M. Antoni crudelitatis in Dolabella cernitis; ex hoc illa efficta est, ab hoc Dolabellae scelerum praecepta sunt tradita. Num leniorem, quam in Asia Dolabella fuit, in Italia, si liceat, fore putatis Antonium? Mihi quidem et ille pervenisse videtur, quoad progredi potuerit feri hominis amentia, neque Antonius ullius supplicii adhibendi, si potestatem habeat, ullam esse partem relicturus.

Ponite igitur ante oculos, patres conscripti, miseram illam quidem et flebilem speciem, sed ad incitandos nostros animos necessariam, nocturnum impetum in urbem Asiae clarissimam, inruptionem armatorum in Treboni domum, cum miser ille prius latronum gladios videret, quam, quae res esset audisset, furentis introitum Dolabellae, vocem impuram atque os illud infame, vincla, verbera, eculeum, tortorem carneficemque Samiarium; quae tulisse illum fortiter et patienter ferunt. Magna laus meoque iudicio omnium maxima. Est enim sapientis, quicquid homini accidere possit, id praemeditari ferendum modice esse, si evenerit. Maioris omnino est consilii providere, ne quid tale accidat, animi non minoris fortiter ferre, si evenerit.

Ac Dolabella quidem tam fuit immemor humanitatis (quamquam eius numquam particeps fuit), ut suam insatiabilem crudelitatem exercuerit non solum in vivo, sed etiam in mortuo, atque in eius corpore lacerando atque vexando, cum animum satiare non posset, oculos paverit suos. O multo miserior Dolabella quam ille, quem tu miserrimum esse voluisti! 'Dolores Trebonius pertulit magnos'. Multi ex morbi gravitate maiores, quos tamen non miseros, sed laboriosos solemus dicere. 'Longus fuit dolor'. Bidui; at compluribus annorum saepe multorum. Nec vero graviora sunt carnificum cruciamenta quam interdum tormenta morborum.

Alia sunt, alia, inquam, o perditissimi homines et amentissimi, multo miseriora. Nam, quo maior vis est animi quam corporis, hoc sunt graviora ea, quae concipiuntur animo, quam illa, quae corpore. Miserior igitur, qui suscipit in se scelus, quam si qui alterius facinus subire cogitur. 'Cruciatus est a Dolabella Trebonius.' Et quidem a Karthaginiensibus Regulus. Quare, cum crudelissimi Poeni iudicati sint in hoste, quid in cive de Dolabella iudicandum est? An vero hoc conferendum est aut dubitandum, uter miserior sit, isne, cuius mortem senatus populusque Romanus ulcisci cupit, an is, qui cunctis senatus sententiis hostis est iudicatus? Nam ceteris quidem vitae partibus quis est qui possit sine Treboni maxima contumelia conferre vitam Treboni cum Dolabellae? Alterius consilium, ingenium, humanitatem, innocentiam, magnitudinem animi in patria liberanda quis ignorat? alteri a puero pro deliciis crudelitas fuit, deinde ea libidinum turpitudo, ut in hoc sit semper ipse laetatus, quod ea faceret, quae sibi obici ne ab inimico quidem possent verecundo.

Et hic, di immortales, aliquando fuit meus! Occulta enim erant vitia non inquirenti. Neque nunc fortasse alienus ab eo essem, nisi ille vobis, nisi moenibus patriae, nisi huic urbi, nisi dis penatibus, nisi aris et focis omnium nostrum, nisi denique naturae et humanitati inventus esset inimicus. A quo admoniti diligentius et vigilantius caveamus Antonium. Etenim Dolabella non ita multos secum habuit notos atque insignis latrones; at videtis, quos et quam multos habeat Antonius. Primum Lucium fratrem, quam facem, di immortales, quod facinus, quod scelus, quem gurgitem, quam voraginem! Quid eum non sorbere animo, quid non haurire cogitatione, cuius sanguinem non bibere censetis, in cuius possessiones atque fortunas non inpudentissimos oculos spe et mente defigere?

Quid Censorinum? qui se verbo praetorem esse urbanum cupere dicebat, re certe noluit. Quid Bestiam? qui consulatum in Bruti locum se petere profitetur. Atque hoc quidem detestabile omen avertat Iuppiter! quam absurdum autem, qui praetor fieri non potuerit, petere eum consulatum? nisi forte damnationem pro praetura putat. Alter Caesar Vopiscus ille summo ingenio, summa potentia, qui ex aedilitate consulatum petit, solvatur legibus; quamquam leges eum non tenent propter eximiam, credo, dignitatem. At hic me defendente quinquiens absolutus est; sexta palma urbana etiam in gladiatore difficilis. Sed haec iudicum culpa, non mea est. Ego defendi fide optima, illi debuerunt clarissimum et praestantissimum senatorem in civitate retinere. Qui tamen nunc nihil aliud agere videtur, nisi ut intellegamus illos, quorum res iudicatas inritas fecimus, bene et e re publica iudicavisse.

Neque hoc in hoc uno est; sunt alii in isdem castris honeste condemnati, turpiter restituti. Quod horum consilium, qui omnibus bonis hostes sunt, nisi crudelissimum putatis fore? Accedit Saxa nescio quis, quem nobis Caesar ex ultima Celtiberia tribunum pl. dedit, castrorum antea metator, nunc, ut sperat, urbis; a quo cum sit alienus, suo capiti salvis nobis ominetur. Cum hoc veteranus Cafo, quo neminem veterani peius oderunt. His quasi praeter dotem, quam in civilibus malis acceperant, agrum Campanum est largitus Antonius, ut haberent reliquorum nutriculas praediorum. Quibus utinam contenti essent! ferremus, etsi tolerabile non erat; sed quidvis patiendum fuit, ut hoc taeterrimum bellum non haberemus.

Quid? illa castrorum M. Antoni lumina nonne ante oculos proponitis? Primum duos collegas Antoniorum et Dolabellae, Nuculam et Lentonem, Italiae divisores lege ea, quam senatus per vim latam iudicavit; quorum alter commentatus est mimos, alter egit tragoediam. Quid dicam de Apulo Domitio? cuius modo bona proscripta vidi. Tanta procuratorum est neglegentia. At hic nuper sororis filio infudit venenum, non dedit. Sed non possunt non prodige vivere, qui nostra bona sperant, cum effundant sua. Vidi etiam P. Deci auctionem, clari viri, qui maiorum exempla persequens pro alieno se aere devovit. Emptor tamen in ea auctione inventus est nemo. Hominem ridiculum, qui se emergere *ex* aere alieno putet posse, cum vendat aliena!

Nam quid ego de Trebellio dicam? quem ultae videntur Furiae debitorum; vindicem enim novarum tabularum novam tabulam videmus. Quid de T.Planco? quem praestantissimus civis, Aquila, Pollentia expulit, et quidem crure fracto; quod utinam illi ante accidisset, ne huc redire potuisset! Lumen et decus illius exercitus paene praeterii, T.Annium Cimbrum, Lysidici filium, Lysidicum ipsum Graeco verbo, quoniam omnia iura dissolvit, nisi forte iure Germanum Cimber occidit. Cum hanc et huius generis copiam tantam habeat Antonius, quod scelus omittet, cum Dolabella tantis se obstrinxerit parricidiis nequaquam pari latronum manu et copia?

Quapropter, ut invitus saepe dissensi a Q. Fufio, ita sum eius sententiae libenter adsensus. Ex quo iudicare debetis me non cum homine solere, sed cum causa dissidere. Itaque non adsentior solum, sed etiam gratias ago Fufio; dixit enim severam, gravem, *e* re publica dignam sententiam, iudicavit hostem Dolabellam, bona censuit publice possidenda. Quo cum addi nihil potuisset (quid enim atrocius potuit, quid severius decernere?), dixit tamen, si quis eorum, qui post se rogati essent, graviorem sententiam dixisset, in eam se iturum. Quam severitatem quis potest non laudare?

Nunc, quoniam hostis est iudicatus Dolabella, bello est persequendus. Neque enim quiescit; habet legionem, habet fugitivos, habet sceleratam impiorum manum; est ipse confidens, impotens, gladiatorio generi mortis addictus. Quam ob rem, quoniam Dolabella hesterno die hoste decreto bellum gerundum est, imperator est deligendus. Duae dictae sunt sententiae, quarum neutram probo, alteram, quia semper, nisi cum est necesse, periculosam arbitror, alteram, quia alienam his temporibus existimo.

Nam extraordinarium imperium populare atque ventosum est, minime nostrae gravitatis, minime huius ordinis. Bello Antiochino magno et gravi cum L. Scipioni provincia Asia obvenisset parumque in eo putaretur esse animi, parum roboris senatusque ad collegam eius, C. Laelium, illius Sapientis patrem, negotium deferret, surrexit P. Africanus, frater maior L. Scipionis, et illam ignominiam a familia deprecatus est dixitque et in fratre suo summam virtutem esse summumque consilium neque se ei legatum id aetatis iisque rebus gestis defuturum. Quod cum ab eo esset dictum, nihil est de Scipionis provincia commutatum, nec plus extraordinarium imperium ad id bellum quaesitum quam duobus antea maximis Punicis bellis, quae a consulibus aut a dictatoribus gesta et confecta sunt, quam Pyrrhi, quam Philippi, quam post Achaico bello, quam Punico tertio, ad quod populus Romanus ita sibi ipse delegit idoneum ducem, P. Scipionem, ut eum tamen bellum gerere consulem vellet.

Cum Aristonico bellum gerendum fuit P. Licinio L. Valerio consulibus. Rogatus est populus, quem id bellum gerere placeret. Crassus consul, pontifex maximus, Flacco collegae, flamini Martiali, multam dixit, si a sacris discessisset: quam multam populus Romanus remisit, pontifici tamen flaminem parere iussit. Sed ne tum quidem populus Romanus ad privatum detulit bellum, quamquam erat Africanus, qui anno ante de Numantinis triumpharat; qui cum longe omnis belli gloria et virtute superaret, duas tamen tribus solas tulit. Ita populus Romanus consuli potius Crasso quam privato Africano bellum gerendum dedit. De Cn.Pompei imperiis, summi viri atque omnium principis, tribuni pl. turbulenti tulerunt. Nam Sertorianum bellum a senatu privato datum est, quia consules recusabant, cum L. Philippus pro consulibus eum se mittere dixit, non pro consule.

Quae igitur haec comitia, aut quam ambitionem constantissimus et gravissimus civis, L. Caesar, in senatum introduxit? Clarissimo viro atque innocentissimo decrevit imperium, privato tamen; in quo maximum nobis onus imposuit. Adsensus ero, ambitionem induxero in curiam; negaro, videbor suffragio meo tamquam comitiis honorem homini amicissimo denegavisse. Quodsi comitia placet in senatu haberi, petamus, ambiamus; tabella modo detur nobis, sicut populo data est. Cur committis, Caesar, ut aut praestantissimus vir, si tibi non sit adsensum, repulsam tulisse videatur aut unus quisque nostrum praeteritus, si, cum pari dignitate simus, eodem honore digni non putemur?

At enim (nam id exaudio) C. Caesari adulescentulo imperium extraordinarium mea sententia dedi. Ille enim mihi praesidium extraordinarium dederat. Cum dico 'mihi', senatui dico populoque Romano. A quo praesidium res publica ne cogitatum quidem tantum haberet, ut sine eo salva esse non posset, huic extraordinarium imperium non darem? Aut exercitus adimendus aut imperium dandum fuit. Quae est enim ratio, aut qui potest fieri, ut sine imperio teneatur exercitus? Non igitur, quod ereptum non est, id existimandum est datum. Eripuissetis C. Caesari, patres conscripti, imperium, nisi dedissetis. Milites veterani, qui illius auctoritatem, imperium, nomen secuti pro re publica arma ceperant, volebant sibi ab illo imperari; legio Martia et legio quarta ita se contulerant ad auctoritatem senatus et rei publicae dignitatem, ut deposcerent imperatorem et ducem C. Caesarem. Imperium C. Caesari belli necessitas, fasces senatus dedit. Otioso vero et nihil agenti privato, obsecro te, L. Caesar (cum peritissimo homine mihi res est), quando imperium senatus dedit? Sed de hoc quidem hactenus, ne refragari homini amicissimo ac de me optime merito videar. Etsi quis potest refragari non modo non petenti, verum etiam recusanti?

Illa vero, patres conscripti, aliena consulum dignitate, aliena temporum gravitate sententia est, ut consules Dolabellae persequendi causa Asiam et Syriam sortiantur. Dicam, cur inutile rei publicae, sed prius quam turpe consulibus sit, videte. Cum consul designatus obsideatur, cum in eo liberando salus sit posita rei publicae, cum a populo Romano pestiferi cives parricidaeque desciverint, cumque id bellum geramus, quo bello de dignitate, de libertate, de vita decernamus, si in potestatem quis Antoni venerit, proposita sint tormenta atque cruciatus, cumque harum rerum omnium decertatio consulibus optimis et fortissimis commissa et commendata sit, Asiae et Syriae mentio fiet, ut aut suspicioni crimen aut invidiae materiam dedisse videamur?

At vero ita decernunt, 'ut liberato Bruto'; id enim restabat, ut relicto, deserto, prodito. Ego vero mentionem omnino provinciarum factam dico alienissimo tempore. Quamvis enim intentus animus tuus sit, C. Pansa, sicut est, ad virum fortissimum et omnium clarissimum liberandum, tamen rerum natura cogit te necessario referre animum aliquando ad Dolabellam persequendum et partem aliquam in Asiam et Syriam derivare curae et cogitationis tuae. Si autem fieri posset, vel pluris te animos habere vellem, quos omnes ad Mutinam intenderes. Quod quoniam fieri non potest, isto *te*animo, quem habes praestantissimum atque optimum, nihil volumus nisi de Bruto cogitare.

Facis tu id quidem et eo maxime incumbis, *ut* intellego; duas tamen res, magnas praesertim, non modo agere uno tempore, sed ne cogitando quidem explicare quisquam potest. Incitare et inflammare tuum istuc praestantissimum studium, non ad aliam ulla ex parte curam transferre debemus. Adde istuc sermones hominum, adde suspiciones, adde invidiam. Imitare me, quem tu semper laudasti, qui instructam ornatamque a senatu provinciam deposui, ut incendium patriae omissa omni cogitatione restinguerem. Nemo erit praeter unum me, quicum profecto, si quid interesse tua putasses, pro summa familiaritate nostra communicasses, qui credat te invito provinciam tibi esse decretam. Hanc, quaeso, pro tua singulari sapientia reprime famam atque effice, ne id, quod non curas, cupere videare.

Quod quidem eo vehementius tibi laborandum est, quia in eandem cadere suspicionem collega, vir clarissimus, non potest. Nihil horum scit, nihil suspicatur; bellum gerit, in acie stat, de sanguine et de spiritu decertat; ante provinciam sibi decretam audiet, quam potuerit tempus ei rei datum suspicari. Vereor, ne exercitus quoque nostri, qui non dilectus necessitate, sed voluntariis studiis se ad rem publicam contulerunt, tardentur animis, si quicquam aliud a nobis nisi de instanti bello cogitatum putabunt. Quodsi provinciae consulibus expetendae videntur, sicut saepe multis clarissimis viris expetitae sunt, reddite prius nobis Brutum, lumen et decus civitatis; qui ita conservandus est ut id signum, quod *de* caelo delapsum Vestae custodiis continetur; quo salvo salvi sumus futuri. Tunc vel in caelum vos, si fieri poterit, umeris nostris tollemus, provincias certe dignissimas vobis deligemus; nunc, quod agitur, agamus. Agitur autem, liberine vivamus an mortem obeamus, quae certe servituti anteponenda est.

Quid, si etiam tarditatem adfert ista sententia ad Dolabellam persequendum? Quando enim veniet consul? An id exspectamus, quoad ne vestigium quidem Asiae civitatum atque urbium relinquatur? At mittent aliquem de suo numero. Valde mihi probari potest, qui paulo ante clarissimo viro privato imperium extra ordinem non dedi. At hominem dignum mittent. Num P. Servilio digniorem? At eum quidem civitas non habet. Quod ergo ipse nemini putat dandum ne a senatu quidem, id ego unius iudicio delatum comprobem?

Expedito nobis homine et parato, patres conscripti, opus est et eo, qui imperium legitimum habeat, qui praeterea auctoritatem, nomen, exercitum, perspectum animum in re publica liberanda. Qui igitur is est? Aut M. Brutus aut C. Cassius aut uterque.

Decernerem plane sicut multa 'consules, alter ambove', ni Brutum colligassemus in Graecia et eius auxilium ad Italiam vergere quam ad Asiam maluissemus, non ut + ex ea acie respectum haberemus, sed ut ea ipsa acies subsidium haberet etiam transmarinum. Praeterea, patres conscripti, M. Brutum retinet etiam nunc C. Antonius, qui tenet Apolloniam, magnam urbem et gravem, tenet, opinor, Byllidem, tenet Amantiam, instat Epiro, urget Oricum, habet aliquot cohortes, habet equitatum. Hinc si Brutus erit traductus ad aliud bellum, Graeciam certe amiserimus. Est autem etiam de Brundisio atque illa ora Italiae providendum. Quamquam miror tam diu morari Antonium; solet enim ipse accipere manicas nec diutius obsidionis metum sustinere. Quod si confecerit Brutus et intellexerit plus se rei publicae profuturum, si Dolabellam persequatur, quam si in Graecia maneat, aget ipse per sese, ut adhuc quoque fecit, neque in tot incendiis, quibus confestim succurrendum est, expectabit senatum.

Nam et Brutus et Cassius multis iam in rebus ipse sibi senatus fuit. Necesse est enim in tanta conversione *et* perturbatione omnium rerum temporibus potius parere quam moribus. Nec enim nunc primum aut Brutus aut Cassius salutem libertatemque patriae legem sanctissimam et morem optimum iudicavit. Itaque, si ad nos nihil referretur de Dolabella persequendo, tamen ego pro decreto putarem, cum essent tales virtute, auctoritate, nobilitate + summi viri, quorum alterius iam nobis notus esset exercitus, alterius auditus. Num igitur Brutus exspectavit decreta nostra, cum studia nosset? Neque enim est in provinciam suam Cretam profectus, in Macedoniam alienam advolavit; omnia sua putavit, quae vos vestra esse velitis; legiones conscripsit novas, excepit veteres, equitatum ad se abduxit Dolabellae atque eum nondum tanto parricidio oblitum hostem sua sententia iudicavit. Nam, ni ita esset, quo iure equitatum a consule abduceret?

Quid? C. Cassius pari magnitudine animi et consilii praeditus nonne eo ex Italia consilio profectus est, ut prohiberet Syria Dolabellam? qua lege, quo iure? Eo, quod Iuppiter ipse sanxit, ut omnia, quae rei publicae salutaria essent, legitima et iusta haberentur. Est enim lex nihil aliud nisi recta et a numine deorum tracta ratio imperans honesta, prohibens contraria. Huic igitur legi paruit Cassius, cum est in Syriam profectus, alienam provinciam, si homines legibus scriptis uterentur, his vero oppressis suam lege naturae.

Sed ut ex vestra quoque auctoritate firmentur, censeo: 'cum P.

Dolabella, quique eius crudelissimi et taeterrimi facinoris ministri, socii, adiutores fuerunt, hostes populi Romani a senatu iudicati sint, cumque senatus P. Dolabellam bello persequendum censuerit, ut is, qui omnia deorum hominumque iura novo, inaudito, inexpiabili scelere polluerit nefarioque se patriae parricidio obstrinxerit, poenas dis hominibusque meritas debitasque persolvat,

senatui placere C. Cassium pro consule provinciam Syriam optinere, ut qui otpimo iure eam provinciam optinuerit; eum a Q. Marcio Crispo pro consule, L. Staio Murco pro consule, A.Allieno legato exercitum accipere eosque ei tradere cumque iis copiis, et si quas praeterea paraverit, bello P. Dolabellam terra marique persequi. Eius belli gerendi causa, quibus ei videatur, naves, nautas, pecuniam ceteraque, quae ad id bellum gerendum pertineant, ut imperandi in Syria, Asia, Bithynia, Ponto ius potestatemque habeat, utique, quamcumque in provinciam eius belli gerendi causa advenerit, ibi maius imperium C. Cassi pro consule sit, quam eius erit, qui eam provinciam tum optinebit, cum C. Cassius pro consule in eam provinciam venerit.

Regem Deiotarum patrem et regem Deiotarum filium, si, ut multis bellis saepe numero imperium populi Romani iuverint, item C. Cassium pro consule copiis suis opibusque iuvissent, senatui populoque Romano gratum esse facturos. Itemque si ceteri reges, tetrarchae dynastaeque fecissent, senatum populumque Romanum eorum officii non immemorem futurum. Utique C. Pansa A.Hirtius consules, alter ambove, si eis videretur, re publica recuperata de provinciis consularibus, praetoriis, ad hunc ordinem primo quoque tempore referant. Interea provinciae ab iis, a quibus optinentur, optineantur, quoad cuique ex senatus consulto successum sit.'

Hoc senatus consulto ardentem inflammabitis et armatum armabitis Cassium; nec enim animum eius potestis ignorare nec copias. Animus is est, quem videtis; copiae, quas audistis, *** fortis et constantis viri, qui ne vivo quidem Trebonio Dolabellae latrocinium in Syriam penetrare sivisset. Allienus, familiaris et necessarius meus, post interitum Treboni profecto ne dici quidem se legatum Dolabellae volet. Est Q. Caecili Bassi, privati illius quidem, sed fortis et praeclari viri, robustus et victor exercitus.

Deiotari regis et patris et filii et magnus et nostro more institutus exercitus, summa in filio spes, summa ingenii indoles summaque virtus. Quid de patre dicam? cuius benivolentia in populum Romanum est ipsius aequalis aetati; qui non solum socius imperatorum nostrorum fuit in bellis, verum etiam dux copiarum suarum. Quae de illo viro Sulla, quae Murena, quae Servilius, quae Lucullus quam ornate, quam honorifice, quam graviter saepe in senatu praedicaverunt!

Quid de Cn.Pompeio loquar? qui unum Deiotarum in toto orbe terrarum ex animo amicum vereque benivolum, unum fidelem populo Romano iudicavit. Fuimus imperatores ego et M. Bibulus in propinquis finitimisque provinciis; ab eodem rege adiuti sumus et equitatu et pedestribus copiis. Secutum est hoc acerbissimum et calamitosissimum civile bellum; in quo quid faciendum Deiotaro, quid omnino rectius fuerit, dicere non est necesse, praesertim cum contra, ac Deiotarus sensit, victoria belli iudicarit. Quo in bello si fuit error, communis ei fuit cum senatu; sin recta sententia, ne victa quidem causa vituperanda est. Ad has copias accedent alii reges, etiam dilectus accedent.

Neque vero classes deerunt; tanti Tyrii Cassium faciunt, tantum eius in Syria nomen atque Phoenice est. Paratum habet imperatorem C. Cassium, patres conscripti, res publica contra Dolabellam, nec paratum solum, sed peritum atque fortem. Magnas ille res gessit ante Bibuli, summi viri, adventum, cum Parthorum nobilissimos duces, maximas copias fudit Syriamque inmani Parthorum impetu liberavit. Maximam eius et singularem laudem praetermitto; cuius enim praedicatio nondum omnibus grata est, hanc memoriae potius quam vocis testimonio conservemus.

Animadverti, patres conscripti, + exaudi rui etiam nimium a me Brutum, nimium Cassium ornari, Cassio vero sententia mea dominatum et principium dari. Quos ego orno? Nempe eos, qui ipsi sunt ornamenta rei publicae. Quid? D. Brutum nonne omnibus sententiis semper ornavi? Num igitur reprehenditis? An Antonios potius ornarem, non modo suarum familiarum, sed Romani nominis probra atque dedecora? an Censorinum ornem, in bello hostem, in pace sectorem? an cetera ex eodem latrocinio naufragia colligam? Ego vero istos otii, concordiae, legum, iudiciorum, libertatis inimicos tantum abest ut ornem, ut effici non possit, quin eos tam oderim, quam rem publicam diligo.

'Vide', inquit 'ne veteranos offendas'; hoc enim vel maxime exaudio. Ego autem veteranos tueri debeo + quod iis quos quibus sanitas est, certe timere non debeo. Eos vero veteranos, qui pro re publica arma ceperunt secutique sunt C. Caesarem, auctorem beneficiorum paternorum, hodieque rem publicam defendunt vitae suae periculo, non tueri solum, sed etiam commodis augere debeo. Qui autem quiescunt, ut septima, ut octava legio, in magna gloria et laude ponendos puto. Comites vero Antoni, qui postquam beneficia Caesaris comederunt, consulem designatum obsident, huic urbi ferro ignique minitantur, Saxae se et Cafoni tradiderunt ad facinus praedamque natis, num quis est qui tuendos putet? Ergo aut boni sunt, quos etiam ornare, aut quieti, quos conservare debemus, aut impii, quorum contra furorem bellum et iusta arma cepimus.

Quorum igitur veteranorum animos ne offendamus, veremur? eorumne, qui D. Brutum obsidione cupiunt liberare? Quibus cum Bruti salus cara sit, qui possunt Cassi nomen odisse? An eorum qui utrisque armis vacant? Non vereor, ne acerbus + civis quisquam istorum sit, qui otio delectantur. Tertio vero generi non militum veteranorum, sed importunissimorum hostium cupio quam acerbissimum dolorem inurere. Quamquam, patres conscripti, quousque sententias dicemus veteranorum arbitratu? Quod eorum tantum fastidium est, quae tanta arrogantia, ut ad arbitrium illorum imperatores etiam deligamus?

Ego autem (dicendum est enim, patres conscripti, quod sentio) non tam veteranos intuendos nobis arbitror, quam quid tirones milites, flos Italiae, quid novae legiones ad liberandam patriam paratissimae, quid cuncta Italia de vestra gravitate sentiat. Nihil enim semper floret, aetas succedit aetati. Diu legiones Caesaris viguerunt, nunc vigent Pansae, vigent Hirti, vigent Caesaris fili, vigent Planci; vincunt numero, vincunt aetatibus; nimirum etiam auctoritate vincunt. Id enim bellum gerunt, quod ab omnibus gentibus comprobatur. Itaque his praemia promissa sunt, illis persoluta. Fruantur illi suis, persolvantur his, quae spopondimus. Id enim deos immortalis spero aequissimum iudicare.

Quae cum ita sint, eam, quam dixi, sententiam vobis, patres conscripti, censeo comprobandam.

PHILIPPICA DVODECIMA

Etsi minime decere videtur, patres conscripti, falli, decipi, errare eum, cui vos maximis saepe de rebus assentiamini, consolor me tamen, quoniam vobiscum pariter et una cum sapientissimo consule erravi. Nam, cum duo consulares spem honestae pacis nobis attulissent, quod erant familiares M. Antoni, quod domestici, nosse aliquod eius vulnus, quod nobis ignotum esset, videbantur. Apud alterum uxor, liberi, alter cotidie litteras mittere, accipere, aperte favere Antonio.

Hi subito hortari ad pacem, quod iam diu non fecissent, non sine causa videbantur. Accessit consul hortator. At qui consul! Si prudentiam quaerimus, qui minime falli posset, si virtutem, qui nullam pacem probaret nisi cum cedente atque victo, si magnitudinem animi, qui praeferret mortem servituti. Vos autem, patres conscripti, non tam immemores vestrorum gravissimorum decretorum videbamini, quam spe allata deditionis, quam amici pacem appellare mallent, de imponendis, non accipiendis legibus cogitare. Auxerat autem meam quidem spem, credo item vestram, quod domum Antoni afflictam maestitia audiebam, lamentari uxorem. Hic etiam fautores Antoni, quorum in vultu habitant oculi mei, tristiores videbam.

Quod si non ita est, cur a Pisone et Caleno potissimum, cur hoc tempore, cur tam inproviso, cur tam repente pacis est facta mentio? Negat Piso scire se, negat audisse quicquam, negat Calenus rem ullam novam allatam esse; atque id nunc negant, posteaquam nos pacificatoria legatione implicatos putant. Quid ergo opus est novo consilio, si in re nihil omnino novi est? Decepti, decepti, inquam, sumus, patres conscripti; Antoni est acta causa ab amicis eius, non publica. Quod videbam equidem, sed quasi per caliginem; praestrinxerat aciem animi D. Bruti salus. Quodsi in bello dari vicarii solerent, libenter me, ut D. Brutus emitteretur, pro illo includi paterer.

Atque hac voce Q.Fufi capti sumus: 'Ne si a Mutina quidem recesserit, audiemus Antonium, ne si in senatus quidem potestatem futurum se dixerit?' Durum videbatur; itaque fracti sumus, cessimus. Recedit igitur a Mutina? Nescio. Paret senatui? 'Credo', inquit Calenus; 'sed ita, ut teneat dignitatem.' Valde hercules vobis laborandum est, patres conscripti, ut vestram dignitatem amittatis, quae maxima est, Antoni, quae neque est ulla neque esse potest, retineatis, ut eam per vos reciperet, quam per se perdidit. Si iacens vobiscum aliquid ageret, audirem fortasse; quamquam—sed hoc malo dicere 'audirem'; stanti resistendum est aut concedenda una cum dignitate libertas.

At non est integrum; constituta legatio est. Quid autem non integrum est sapienti, quod restitui potest? Cuiusvis hominis est errare, nullius nisi insipientis in errore perseverare. Posteriores enim cogitationes, ut aiunt, sapientiores solent esse. Discussa est illa caligo, quam paulo ante dixi; diluxit, patet, videmus omnia, neque per nos solum, sed admonemur a nostris. Attendistis, paulo ante praestantissimi viri quae esset oratio. 'Maestam', inquit, 'domum offendi, coniugem, liberos. Admirabantur boni viri, accusabant amici, quod spe pacis legationem suscepissem.' Nec mirum, P. Servili. Tuis enim severissimis gravissimisque sententiis omni est non dico dignitate, sed etiam spe salutis spoliatus Antonius.

Ad eum ire te legatum quis non miraretur? De me experior, cuius idem consilium quod tuum sentio quam reprehendatur. Nos reprehendimur soli? Quid? vir fortissimus Pansa sine causa paulo ante tam accurate locutus est tamdiu? Quid egit, nisi uti falsam proditionis a se suspicionem depelleret? Unde autem ista suspicio est? Ex pacis patrocinio repentino, quod subito suscepit eodem captus errore quo nos.

Quodsi est erratum, patres conscripti, spe falsa atque fallaci, redeamus in viam. Optimus est portus paenitenti mutatio consilii. Quid enim potest, per deos inmortales! rei publicae prodesse nostra legatio? Prodesse dico; quid, si etiam obfutura est? Obfutura; quid, si iam nocuit atque obfuit? An vos acerrimam illam et fortissimam populi Romani libertatis recuperandae cupiditatem non inminutam ac debilitatam putatis legatione pacis audita? Quid? municipia censetis, quid? colonias, quid? cunctam Italiam futuram eodem studio, quo contra commune incendium exarserat? An non putamus fore ut eos paeniteat professos esse et prae se tulisse odium in Antonium, qui pecunias polliciti sunt, qui arma, qui se totos et animis et corporibus in salutem rei publicae contulerunt? Quem ad modum nostrum hoc consilium Capua probabit, quae temporibus his Roma altera est? Illa impios civis iudicavit, eiecit, exclusit. Illi, illi, inquam, urbi fortissime conanti e manibus est ereptus Antonius.

Quid? legionum nostrarum nervos nonne his consiliis incidimus? Quis est enim, qui ad bellum inflammato animo futurus sit spe pacis oblata? Ipsa illa Martia caelestis et divina legio hoc nuntio languescet et mollietur atque illud pulcherrimum Martium nomen amittet: excident gladii, fluent arma de manibus. Senatum enim secuta non arbitrabitur se graviore odio debere esse in Antonium quam senatum. Pudet huius legionis, pudet quartae, quae pari virtute nostram auctoritatem probans non ut consulem et imperatorem suum, sed ut hostem et oppugnatorem patriae reliquit Antonium; pudet optimi exercitus, qui coniunctus est ex duobus, qui iam lustratus, qui profectus ad Mutinam est; qui si pacis, id est timoris nostri, nomen audierit, ut non referat pedem, insistet certe. Quid enim revocante et receptui canente senatu properet dimicare?

Quid autem hoc iniustius quam nos inscientibus iis, qui bellum gerunt, de pace decernere, nec solum inscientibus, sed etiam invitis? An vos A. Hirtium, praeclarissimum consulem, C. Caesarem deorum beneficio natum ad haec tempora, quorum epistulas spem victoriae declarantis in manu teneo, pacem velle censetis? Vincere illi expetunt pacisque dulcissimum et pulcherrimum nomen non pactione, sed victoria concupiverunt. Quid? Galliam quo tandem animo hanc rem audituram putatis? Illa enim huius belli propulsandi, administrandi, sustinendi, principatum tenet. Gallia D. Bruti nutum ipsum, ne dicam imperium, secuta armis, viris, pecunia belli principia firmavit; eadem crudelitati M. Antoni suum totum corpus obiecit; exhauritur, vastatur, uritur; omnis aequo animo belli patitur iniurias, dum modo repellat periculum servitutis.

Et ut omittam reliquas partes Galliae (nam sunt omnes pares), Patavini alios excluserunt, alios eiecerunt missos ab Antonio, pecunia, militibus et, quod maxime deerat, armis nostros duces adiuverunt. Fecerunt idem reliqui, qui quondam in eadem causa erant et propter multorum annorum iniurias alienati a senatu putabantur; quos minime mirum est communicata cum iis re publica fidelis esse, qui etiam expertes eius fidem suam semper praestiterunt. His igitur omnibus victoriam sperantibus pacis nomen adferemus, id est desperationem victoriae?

Quid, si ne potest quidem ulla esse pax? Quae enim est condicio pacis, in qua ei, cum quo pacem facias, nihil concedi potest? Multis rebus a nobis est invitatus ad pacem Antonius, bellum tamen maluit. Missi legati repugnante me, sed tamen missi, delata mandata; non paruit. Denuntiatum est, ne Brutum obsideret, a Mutina discederet; oppugnavit etiam vehementius. Et ad eum legatos de pace mittemus, qui pacis nuntios repudiavit? Verecundioremne coram putamus in postulando fore, quam fuerit tum, cum misit mandata ad senatum? Atqui tum ea patebat, quae videbantur improba omnino, sed tamen aliquo modo posse concedi; nondum erat vestris tam gravibus tamque multis iudiciis ignominiisque concisus; nunc ea petit, quae dare nullo modo possumus, nisi prius volumus bello nos victos confiteri.

Senatus consulta falsa delata ab eo iudicavimus; num ea vera possumus iudicare? Leges statuimus per vim et contra auspicia latas iisque nec populum nec plebem teneri; num eas restitui posse censetis? Sestertium septiens miliens avertisse Antonium pecuniae publicae iudicavistis; num fraude poterit carere peculatus? Inmunitates ab eo civitatibus, sacerdotia, regna venierunt; num figentur rursus eae tabulae, quas vos decretis vestris refixistis? Quodsi ea, quae decrevimus, obruere, num etiam memoriam rerum delere possumus? Quando enim obliviscetur ulla posteritas, cuius scelere in hac vestitus foeditate fuerimus? Ut centurionum legionis Martiae Brundisi profusus sanguis eluatur, num elui praedicatio crudelitatis potest? Ut media praeteream, quae vetustas tollet operum circum Mutinam taetra monimenta, sceleris indicia latrociniique vestigia?

Huic igitur inportuno atque inpuro parricidae quid habemus, per deos immortales! quod remittamus? An Galliam ultimam et exercitum? Quid est aliud non pacem facere, sed differre bellum, nec solum propagare bellum, sed concedere etiam victoriam? An ille non vicerit, si quacumque condicione in hanc urbem cum suis venerit? Armis nunc omnia tenemus, auctoritate valemus plurimum, absunt tot perditi cives nefarium secuti ducem; tamen eorum ora sermonesque, qui in urbe ex eo numero relicti sunt, ferre non possumus. Quid censetis, cum tot uno tempore inruperint, nos arma posuerimus, illi non deposuerint, nonne nos nostris consiliis victos in perpetuum fore?

Ponite ante oculos M. Antonium consularem; sperantem consulatum Lucium adiungite; supplete ceteros, neque nostri ordinis solum, honores et imperia meditantis; nolite ne Tirones quidem, Numisios, Mustelas, Seios contemnere. Cum iis facta pax non erit pax, sed pactio servitutis. L. Pisonis, amplissimi viri, praeclara vox a te non solum in hoc ordine, Pansa, sed etiam in contione iure laudata est. Excessurum se ex Italia dixit, deos penatis et sedes patrias relicturum, si, quod di omen averterent, rem publicam oppressisset Antonius.

Quaero igitur a te, L. Piso, nonne oppressam rem publicam putes, si tot tam impii, tam audaces, tam facinerosi recepti sint. Quos nondum tantis parricidiis contaminatos vix ferebamus, hos nunc omni scelere coopertos tolerabiles censes civitati fore? Aut isto tuo, mihi crede, consilio erit utendum, ut cedamus, abeamus, vitam inopem et vagam persequamur, aut cervices latronibus dandae atque in patria cadendum est. Ubi sunt, C. Pansa, illae cohortationes pulcherrimae tuae, quibus a te excitatus senatus, inflammatus populus Romanus non solum audivit, sed etiam didicit nihil esse homini Romano foedius servitute?

Idcircone saga sumpsimus, arma cepimus, iuventutem omnem ex tota Italia excussimus, ut exercitu florentissimo et maximo legati ad pacem mitterentur? si accipiendam, cur non rogamur? si postulandam, quid timemus? In hac ego legatione sim aut ad id consilium admiscear, in quo ne si dissensero quidem a ceteris, sciturus populus Romanus sit? Ita fiet, ut, si quid remissum aut concessum sit, meo semper periculo peccet Antonius, cum ei peccandi potestas a me concessa videatur.

Quodsi habenda cum M. Antoni latrocinio pacis ratio fuit, mea tamen persona ad istam pacem conciliandam minime fuit deligenda. Ego numquam legatos mittendos censui, ego ante reditum legatorum ausus sum dicere, pacem ipsam si adferrent, quoniam sub nomine pacis bellum lateret, repudiandam, ego princeps sagorum, ego semper illum appellavi hostem, cum alii adversarium, semper hoc bellum, cum alii tumultum. Nec haec in senatu solum, eadem ad populum semper egi, neque solum in ipsum, sed in eius socios facinorum et ministros et praesentis et eos, qui una sunt, in totam denique M. Antoni domum sum semper invectus.

Itaque, ut alacres et laeti spe pacis oblata inter se impii cives, quasi vicissent, gratulabantur, sic me iniquum eierabant, de me querebantur, diffidebant etiam Servilio; meminerant eius sententiis confixum Antonium; L. Caesarem fortem quidem illum et constantem senatorem, avunculum tamen, Calenum procuratorem, Pisonem familiarem, te ipsum, Pansa, vehementissimum et fortissimum consulem factum iam putant leniorem; non quo ita sit aut esse possit, sed mentio a te facta pacis suspicionem multis attulit inmutatae voluntatis. Inter has personas me interiectum amici Antoni moleste ferunt; quibus gerendus mos est, quoniam semel liberales esse coepimus.

Proficiscantur legati optimis ominibus, sed ii proficiscantur, in quibus non offendatur Antonius. Quodsi de Antonio non laboratis, mihi certe, patres conscripti, consulere debetis. Parcite oculis saltem meis et aliquam veniam iusto dolori date. Quo enim aspectu videre potero—omitto hostem patriae, ex quo mihi odium in illum commune vobiscum est; sed quo modo aspiciam mihi uni crudelissimum hostem, ut declarant eius de me acerbissimae contiones? Adeone me ferreum putatis, ut cum eo congredi aut illum aspicere possim, qui nuper, cum in contione donaret eos, qui ei de parricidis audacissimi videbantur, mea bona donare se dixit Petusio Urbinati, qui ex naufragio luculenti patrimonii ad haec Antoniana saxa proiectus est?

An L. Antonium aspicere potero, cuius ego crudelitatem effugere non potuissem, nisi me moenibus et portis et studio municipii mei defendissem? Atque idem hic myrmillo Asiaticus, latro Italiae, collega Lentonis et Nuculae, cum Aquilae primi pili nummos aureos daret, de meis bonis se dare dixit; si enim de suis dixisset, ne Aquilam quidem ipsum crediturum putavit. Non ferent, inquam, oculi Saxam, Cafonem, non duo praetores, non tribunum pl., non duo designatos tribunos, non Bestiam, non Trebellium, non T. Plancum. Non possum animo aequo videre tot tam inportunos, tam sceleratos hostes; nec id fit fastidio meo, sed caritate rei publicae.

Sed vincam animum mihique imperabo, dolorem iustissimum, si non potuero frangere, occultabo; quid? vitae censetisne, patres conscripti, habendam mihi aliquam esse rationem? quae mihi quidem minime cara est, praesertim cum Dolabella fecerit, ut optanda mors esset, modo sine cruciatu atque tormentis; vobis tamen et populo Romano vilis meus spiritus esse non debet. Is enim sum, nisi me forte fallo, qui vigiliis, curis, sententiis, periculis etiam, quae plurima adii propter acerbissimum omnium in me odium impiorum, perfecerim, ut non obstarem rei publicae, ne quid adrogantius videar dicere.

Quod cum ita sit, nihilne mihi de periculo meo cogitandum putatis? Hic cum essem in urbe ac domi, tamen multa saepe temptata sunt, ubi me non solum amicorum fidelitas sed etiam universae civitatis oculi custodiunt; quid censetis, cum iter ingressus ero, longum praesertim, nullasne insidias extimescendas? Tres viae sunt ad Mutinam, quo festinat animus, ut quam primum illud pignus libertatis populi Romani, D. Brutum, aspicere possim, cuius in complexu libenter extremum vitae spiritum ediderim, cum omnes actiones horum mensum, omnes sententiae meae pervenerint ad eum, qui mihi fuit propositus, exitum. Tres ergo, ut dixi, viae, a supero mari Flaminia, ab infero Aurelia, media Cassia.

Nunc, quaeso, attendite, num aberret a coniectura suspicio periculi mei. Etruriam discriminat Cassia. Scimusne igitur, Pansa, quibus in locis nunc sit Lentonis Caesenni septemviralis auctoritas? Nobiscum nec animo certe est nec corpore. Si autem aut domi est aut non longe a domo, certe in Etruria est, id est in via. Quis igitur mihi praestat Lentonem uno capite esse contentum? Dic mihi praeterea, Pansa, Ventidius ubi sit, cui fui semper amicus, antequam ille rei publicae bonisque omnibus tam aperte est factus inimicus. Possum Cassiam vitare, tenere Flaminiam; quid? si Anconam, ut dicitur, Ventidius venerit, poterone Ariminum tuto accedere? Restat Aurelia. Hic quidem etiam praesidia habeo; possessiones enim sunt P. Clodi. Tota familia occurret, hospitio invitabit propter familiaritatem notissimam.

Hisce ego me viis committam qui Terminalibus nuper in suburbium, ut eodem die reverterer, ire non sum ausus? Domesticis me parietibus vix tueor sine amicorum custodiis. Itaque in urbe, si licebit, manebo. Haec mea sedes est, haec vigilia, haec custodia, hoc praesidium stativum. Teneant alii castra, gerant res bellicas, superent hostem (nam hoc caput est); nos, ut didicimus semperque fecimus, urbem et res urbanas vobiscum pariter tuebimur. Neque vero recuso munus hoc, quamquam populum Romanum video pro me recusare. Nemo me minus timidus, nemo tamen cautior. Res declarat. Vicesimus annus est, cum omnes scelerati me unum petunt. Itaque ipsi, ne dicam mihi, rei publicae poenas dederunt, me salvum adhuc res publica conservavit sibi. Timide hoc dicam; scio enim quidvis homini accidere posse; verum tamen semel circumsessus lectis valentissimorum hominum viribus cecidi sciens, ut honestissime possem exurgere.

Possumne igitur satis videri cautus, satis providus, si me huic itineri tam infesto tamque periculoso commisero? Gloriam in morte debent ii, qui in re publica versantur, non culpae reprehensionem et stultitiae vituperationem relinquere. Quis bonus non luget mortem Treboni, quis non dolet interitum talis et civis et viri? At sunt qui dicant (dure illi quidem, sed tamen dicunt) minus dolendum, quod ab homine impuro nefarioque non caverit. Etenim, qui multorum custodem se profiteatur, eum sapientes sui primum capitis aiunt custodem esse oportere. Cum saeptus sis legibus et iudiciorum metu, non sunt omnia timenda neque ad omnis insidias praesidia quaerenda. Quis enim audeat luci, quis in militari via, quis bene comitatum, quis illustrem aggredi? Haec neque hoc tempore neque in me valent. Non modo enim poenam non extimescet, qui mihi vim attulerit, sed etiam gloriam sperabit a latronum gregibus et praemia. Haec ego in urbe provideo; facilis est circumspectus unde exeam, quo progrediar, quid ad dexteram, quid ad sinistram sit. Num idem in Appennini tramitibus facere potero? in quibus etiamsi non erunt insidiae, quae facillime esse poterunt, animus tamen erit sollicitus, ut nihil possit de officiis legationis attendere. Sed effugi insidias, perrupi Appenninum; nempe in Antoni congressum colloquiumque veniendum est. Quinam locus capietur? Si extra castra, ceteri viderint; ego me vix tutum futurum puto. Novi hominis furorem, novi effrenatam violentiam. Cuius acerbitas morum inmanitasque naturae ne vino quidem permixta temperari solet, hic ira dementiaque inflammatus adhibito fratre Lucio, taeterrima belua, numquam profecto a me sacrilegas manus atque impias abstinebit.

Memini colloquia et cum acerrimis hostibus et cum gravissime dissidentibus civibus. Cn.Pompeius, Sexti filius, consul me praesente, cum essem tiro in eius exercitu, cum P. Vettio Scatone, duce Marsorum, inter bina castra collocutus est; quo quidem memini Sex. Pompeium, fratrem consulis, ad colloquium ipsum Roma venire, doctum virum atque sapientem. Quem cum Scato salutasset, 'Quem te appellem?' inquit. At ille: 'Voluntate hospitem, necessitate hostem.' Erat in illo colloquio aequitas; nullus timor, nulla suberat suspicio; mediocre etiam odium. Non enim ut eriperent nobis socii civitatem, sed ut in eam reciperentur, petebant. Sulla cum Scipione inter Cales et Teanum, cum alter nobilitatis florem, alter belli socios adhibuisset, de auctoritate senatus, de suffragiis populi, de iure civitatis agentes inter se condiciones contulerunt. Non tenuit omnino colloquium illud fidem, a vi tamen periculoque afuit. Possumusne igitur in Antoni latrocinio aeque esse tuti? Non possumus, aut, si ceteri possunt, me posse diffido.

Quodsi non extra castra congrediemur, quae ad colloquium castra sumentur? In nostra ille numquam veniet, multo minus nos in illius. Reliquum est, ut et accipiantur et remittantur postulata per litteras. Ergo erimus in castris, meaque ad omnia postulata una sententia; quam cum hic vobis audientibus dixero, isse et redisse me putatote; legationem confecero. Omnia ad senatum mea sententia reiciam, quaecumque postulabit Antonius. Neque enim licet aliter, neque permissum est nobis ab hoc ordine, ut bellis confectis decem legatis permitti solet more maiorum, neque ulla omnino a senatu mandata accepimus. Quae cum agam in consilio nullis, ut arbitror, repugnantibus, nonne metuendum est, ne inperita militum multitudo per me pacem distineri putet?

Facite hoc meum consilium legiones novas non improbare (nam Martiam et quartam nihil cogitantis praeter dignitatem et decus comprobaturas esse certo scio); quid? veteranos non veremur (nam timeri se ne ipsi quidem volunt), quonam modo accipiant severitatem meam? Multa enim falsa de me audierunt, multa ad eos improbi detulerunt, quorum commoda, ut vos optimi testes estis, semper ego sententia, auctoritate, oratione firmavi; sed credunt improbis, credunt turbulentis, credunt suis. Sunt autem fortes illi quidem, sed propter memoriam rerum, quas gesserunt pro populi Romani libertate et salute rei publicae, nimis feroces et ad suam vim omnia nostra consilia revocantes.

Horum ego cogitationem non vereor, impetum pertimesco. Haec quoque tanta pericula si effugero, satisne tutum reditum putatis fore? Cum enim et vestram auctoritatem meo more defendero et meam fidem rei publicae constantiamque praestitero, tum erunt mihi non ii solum, qui me oderunt, sed illi etiam, qui invident, extimescendi. Custodiatur igitur vita + mea r.p. eaque, quoad vel dignitas vel natura patietur, patriae reservetur; mors aut necessitatem habeat fati aut, si ante oppetenda est, oppetatur cum gloria. Haec cum ita sint, etsi hanc legationem res publica, ut levissime dicam, non desiderat, tamen, si tuto licebit ire, proficiscar. Omnino, patres conscripti, totum huiusce rei consilium non meo periculo, sed utilitate rei publicae metiar. De qua mihi, quoniam liberum est spatium, multum etiam atque etiam considerandum puto idque potissimum faciendum, quod maxime interesse rei publicae iudicaro.

PHILIPPICA TERTIA DECIMA

A principio huius belli, patres conscripti, quod cum impiis civibus consceleratisque suscepimus, timui, ne condicio insidiosa pacis libertatis reciperandae studia restingueret. Dulce enim etiam nomen est pacis, res vero ipsa cum iucunda, tum salutaris. Nam nec privatos focos nec publicas leges videtur nec libertatis iura cara habere, quem discordiae, quem caedes civium, quem bellum civile delectat, eumque ex numero hominum eiciendum, ex finibus humanae naturae exterminandum puto. Itaque, sive Sulla sive Marius sive uterque sive Octavius sive Cinna sive iterum Sulla sive alter Marius et Carbo sive qui alius civile bellum optavit, eum detestabilem civem rei publicae natum iudico.

Nam quid ego de proximo dicam, cuius acta defendimus, auctorem ipsum iure caesum fatemur? Nihil igitur hoc cive, nihil hoc homine taetrius, si aut civis aut homo habendus est, qui civile bellum concupiscit. Sed hoc primum videndum est, patres conscripti, cum omnibusne pax esse possit, an sit aliquod bellum inexpiabile, in quo pactio pacis lex sit servitutis. Pacem cum Scipione Sulla sive faciebat sive simulabat, non erat desperandum, si convenisset, fore aliquem tolerabilem statum civitatis. Cinna si concordiam cum Octavio confirmare voluisset, hominum in re publica sanitas remanere potuisset. Proximo bello si aliquid de summa gravitate Pompeius, multum de cupiditate Caesar remisisset, et pacem stabilem et aliquam rem publicam nobis habere licuisset. Hoc vero quid est? cum Antoniis pax potest esse, cum Censorino, Ventidio, Trebellio, Bestia, Nucula, Munatio, Lentone, Saxa? Exempli causa paucos nominavi; genus infinitum inmanitatemque ipsi cernitis reliquorum.

Addite illa naufragia Caesaris amicorum, Barbas Cassios, Barbatios, Polliones; addite Antoni conlusores et sodales, Eutrapelum, Melam, Pontium, Coelium, Crassicium, Tironem, Mustelam, Petusium; comitatum relinquo, duces nomino. Huc accedunt Alaudae ceterique veterani, seminarium iudicum decuriae tertiae, qui suis rebus exhaustis, beneficiis Caesaris devoratis fortunas nostras concupiverunt.

O fidam dexteram Antoni, qua ille plurimos civis trucidavit, o ratum religiosumque foedus, quod cum Antoniis fecerimus! Hoc si Marcus violare conabitur, Luci eum sanctitas a scelere revocabit. Illis locus si in hac urbe fuerit, ipsi urbi locus non erit. Ora vobis eorum ponite ante oculos, et maxime Antoniorum, incessum, aspectum, vultum, spiritum, latera tegentis alios, alios praegredientis amicos. Quem vini anhelitum, quas contumelias fore censetis minasque verborum! nisi forte eos pax ipsa leniet, maximeque, cum in hunc ordinem venerint, salutabunt benigne, comiter appellabunt unum quemque nostrum.

Non recordamini, per deos immortalis, quas in eos sententias dixeritis? Acta M. Antoni rescidistis; leges refixistis, per vim et contra auspicia latas decrevistis, totius Italiae dilectus excitavistis, collegam et scelerum socium omnium hostem iudicavistis. Cum hoc quae pax potest esse? Hostis si esset externus, id ipsum vix talibus factis, sed posset aliquo modo. Maria, montes, regionum magnitudines interessent; odisses eum quem non videres. Hi in oculis haerebunt et, cum licebit, in faucibus; quibus enim saeptis tam immanis beluas continebimus? At incertus exitus belli. Est omnino fortium virorum, quales vos esse debetis, virtutem praestare (tantum enim possunt), fortunae culpam non extimescere.

Sed quoniam ab hoc ordine non fortitudo solum, verum etiam sapientia postulatur (quamquam vix videntur haec posse seiungi, seiungamus tamen), fortitudo dimicare iubet, iustum odium incendit, ad confligendum impellit, vocat ad periculum; quid sapientia? Cautioribus utitur consiliis, in posterum providet, est omni ratione tectior. Quid igitur censet? parendum est enim atque id optimum iudicandum, quod sit sapientissime constitutum. Si hoc praecipit, ne quid vita existimem antiquius, ne decernam capitis periculo, fugiam omne discrimen, quaeram ex ea: 'Etiamne, si erit, cum id fecero, serviendum?' Si annuerit, ne ego Sapientiam istam, quamvis sit erudita, non audiam. Sin responderit: 'Tuere ita vitam corpusque servato, ita fortunas, ita rem familiarem, ut haec libertate posteriora ducas itaque his uti velis, si libera re publica possis, nec pro his libertatem, sed pro libertate haec proicias tamquam pignora iniuriae': tum Sapientiae vocem audire videar eique ut deo pare07m.

Itaque, si receptis illis esse possumus liberi, vincamus odium pacemque patiamur; sin otium, incolumibus iis esse nullum potest, laetemur decertandi oblatam esse fortunam. Aut enim interfectis illis fruemur victrice re publica aut oppressi (quod omen avertat Iuppiter!) si non spiritu, at virtutis laude vivemus. At enim nos *M. Lepidus*, imperator iterum, pontifex maximus, optime proximo civili bello de re publica meritus, ad pacem adhortatur. Nullius apud me, patres conscripti, auctoritas maior est quam M. Lepidi vel propter ipsius virtutem vel propter familiae dignitatem. Accedunt eodem multa privata magna eius in me merita, mea quaedam officio in illum. Maximum vero eius beneficium numero, quod hoc animo in rem publicam est, quae mihi vita mea semper fuit carior.

Nam cum Magnum Pompeium, clarissimum adulescentem, praestantissimi viri filium, auctoritate adduxit ad pacem remque publicam sine armis maximo civilis belli periculo liberavit, tum me eius beneficio plus quam pro virili parte obligatum puto. Itaque et honores ei decrevi, quos potui amplissimos, in quibus mihi vos estis adsensi, nec umquam de illo et sperare optime et loqui destiti. Magnis et multis pignoribus M. Lepidum res publica inligatum tenet. Summa nobilitas est, omnes honores, amplissimum sacerdotium, plurima urbis ornamenta, ipsius, fratris maiorumque monumenta, probatissima uxor, optatissimi liberi, res familiaris cum ampla, tum casta a cruore civili; nemo ab eo civis violatus, multi eius beneficio et misericordia liberati. Talis igitur vir et civis opinione labi potest, voluntate a re publica dissidere nullo pacto potest.

Pacem volt M. Lepidus. Praeclare, si talem potest efficere, qualem nuper effecit; qua pace Cn. Pompei filium res publica aspiciet suoque sinu complexuque recipiet neque solum illum, sed cum illo se ipsam sibi restitutam putabit. Haec causa fuit cur decerneretis statuam in rostris cum inscriptione praeclara, cur absenti triumphum. Quamquam enim magnas res bellicas gesserat et triumpho dignas, non erat tamen ei tribuendum, quod nec L. Aemilio nec Aemiliano Scipioni nec superiori Africano nec Mario nec Pompeio, qui maiora bella gesserunt, sed quod silentio bellum civile confecerat, cum primum licuit, honores in eum maximos contulistis.

Existimasne igitur, M. Lepide, qualem Pompeium res publica habitura sit civem, talis futuros in re publica Antonios? In altero pudor, gravitas, moderatio, integritas, in illis (et cum hos compello, praetereo animo ex grege latrocinii neminem) libidines, scelera, ad omne facinus inmanis audacia. Deinde vos obsecro, patres conscripti, quis hoc vestrum non videt, quod Fortuna ipsa, quae dicitur caeca, vidit? Salvis enim actis Caesaris, quae concordiae causa defendimus, Pompeio sua domus patebit, eamque non minoris, quam emit Antonius, redimet, redimet, inquam, Cn. Pompei domum filius. O rem acerbam! Sed haec satis diu multumque defleta sunt. Decrevistis tantam pecuniam Pompeio, quantam ex bonis patriis in praedae dissipatione inimicus victor redegisset.

Sed hanc mihi dispensationem pro paterna necessitudine et coniunctione deposco. Redimet hortos, aedes, urbana quaedam, quae possidet Antonius. Nam argentum, vestem, supellectilem, vinum amittet aequo animo, quae ille helluo dissipavit. Albanum, Formianum a Dolabella recuperabit, etiam ab Antonio Tusculanum, iique, qui nunc Mutinam oppugnant, D. Brutum obsident, de Falerno Anseres depellantur. Sunt alii plures fortasse, sed *de* mea memoria dilabuntur. Ego etiam eos dico, qui hostium numero non sunt, Pompeianas possessiones, quanti emerint, filio reddituros.

Satis inconsiderati fuit, ne dicam audacis, rem ullam ex illis attingere; retinere vero quis poterit clarissimo domino restituto? An is non reddet, qui domini patrimonium circumplexus quasi thesaurum draco, Pompei servus, libertus Caesaris, agri Lucani possessiones occupavit? Atque illud septiens miliens, quod adulescenti, patres conscripti, spopondistis, ita discribetur, ut videatur a vobis Cn. Pompei filius in patrimonio suo collocatus. Haec senatus; reliqua populus Romanus in ea familia, quam vidit amplissimam, persequetur, in primis paternum auguratus locum, in quem ego eum, ut, quod a patre accepi, filio reddam, mea nominatione cooptabo. Utrum igitur augurem Iovis optimi maximi, cuius interpretes internuntiique constituti sumus, *nos*, utrum populus Romanus libentius sanciet, Pompeiumne an Antonium? Mihi quidem numine deorum immortalium videtur hoc fortuna voluisse, ut actis Caesaris firmis ac ratis Cn. Pompei filius posset et dignitatem et fortunas patrias recuperare.

Ac ne illud quidem silentio, patres conscripti, praetereundum puto quod clarissimi viri legati, L. Paulus, Q.Thermus, C. Fannius, quorum habetis cognitam voluntatem in rem publicam eamque perpetuam atque constantem, nuntiant se Pompei conveniundi causa devertisse Massiliam eumque cognovisse paratissimo animo, ut cum suis copiis iret ad Mutinam, ni vereretur, ne veteranorum animos offenderet. Est vero eius patris filius, qui sapienter faciebat non minus multa quam fortiter. Itaque intellegitis et animum ei praesto fuisse nec consilium defuisse. Atque etiam hoc M. Lepido providendum est, ne quid arrogantius, quam eius mores ferunt, facere videatur.

Si enim nos exercitu terret, non meminit illum exercitum senatus populique Romani atque universae rei publicae esse, non suum. At uti potest pro suo. Quid tum? omniane bonis viris, quae facere possunt, facienda sunt, etiamne, si turpia, si perniciosa erunt, si facere omnino non licebit? Quid autem turpius aut foedius aut quod minus deceat quam contra senatum, contra cives, contra patriam exercitum ducere? quid vero magis vituperandum quam id facere, quod non liceat? Licet autem nemini contra patriam ducere exercitum, siquidem licere id dicimus, quod legibus, quod more maiorum institutisque conceditur. Neque enim, quod quisque potest, id ei licet, nec, si non obstatur, propterea etiam permittitur. Tibi enim exercitum, Lepide, tam quam maioribus tuis patria pro se dedit. Hoc tu arcebis hostem, fines imperii propagabis; senatui populoque Romano parebis, si quam ad aliam rem te forte traduxerit.

Haec si cogitas, es M. Lepidus, pontifex maximus, M. Lepidi, pontificis maximi, pronepos; sin hominibus tantum licere iudicas, quantum possunt, vide, ne alienis exemplis, iisque recentibus, uti quam et antiquis et domesticis malle videare. Quodsi auctoritatem interponis sine armis, magis equidem laudo, sed vide, ne hoc ipsum non sit necesse. Quamquam enim est tanta in te auctoritas, quanta debet in homine nobilissimo, tamen senatus se ipse non contemnit nec vero fuit umquam gravior, constantior, fortior. Incensi omnes rapimur ad libertatem recuperandam; non potest ullius auctoritate tantus senatus populique Romani ardor extingui; odimus, irati pugnamus, extorqueri e manibus arma non possunt, receptui signum aut revocationem a bello audire non possumus; speramus optima, pati vel difficillima malumus quam servire.

Caesar confecit invictum exercitum; duo fortissimi consules adsunt cum copiis; L. Planci, consulis designati, varia et magna auxilia non desunt; in D. Bruti salute certatur; unus furiosus gladiator cum taeterrimorum latronum manu contra patriam, contra deos penates, contra aras et focos, contra quattuor consules gerit bellum. Huic cedamus, huius condiciones audiamus, cum hoc pacem fieri posse credamus? At periculum est, ne opprimamur. Non metuo, ne is, qui suis amplissimis fortunis nisi bonis salvis frui non potest, prodat salutem suam. Bonos civis primum natura efficit, adiuvat deinde fortuna. Omnibus enim bonis expedit salvam esse rem publicam. Sed in iis, qui fortunati sunt, magis id apparet.

Quis fortunatior Lepido, ut ante dixi, quis eodem sanior? Vidit eius maestitiam atque lacrimas populus Romanus Lupercalibus, vidit, quam abiectus, quam confectus esset, cum Caesari diadema imponens Antonius servum se illius quam collegam esse malebat. Qui si reliquis flagitiis et sceleribus se abstinere potuisset, tamen unum ob hoc factum dignum illum omni poena putarem. Nam, si ipse servire poterat, nobis dominum cur inponebat? et, si eius pueritia pertulerat libidines eorum, qui erant in eum tyranni, etiamne in nostros liberos dominum et tyrannum comparabat? Itaque illo interfecto, qualem in nos eum esse voluit, talis ipse in ceteros extitit.

Qua enim *in* barbaria quisquam tam taeter, tam crudelis tyrannus quam in hac urbe armis barbarorum stipatus Antonius? Caesare dominante veniebamus in senatum, si non libere, at tamen tuto; hoc archipirata (quid enim dicam tyranno?) haec subsellia ab Ityraeis occupabantur. Prorupit subito Brundisium, ut inde agmine quadrato ad urbem accederet, lautissimum oppidum nunc municipum honestissimorum, quondam colonorum, Suessam, fortissimorum militum sanguine implevit, Brundisi in sinu non modo avarissimae, sed etiam crudelissimae uxoris delectos Martiae legionis centuriones trucidavit. Inde se quo furore, quo ardore ad urbem, id est ad caedem optimi cuiusque, rapiebat! Quo tempore di ipsi immortales praesidium inprovisum nec opinantibus nobis obtulerunt.

Caesaris enim incredibilis ac divina virtus latronis impetus crudelis ac furibundos retardavit; quem tum ille demens laedere se putabat edictis ignorans, quaecumque falso in eum diceret in sanctissimum adulescentem, ea vere recidere in memoriam pueritiae suae. Ingressus urbem est quo comitatu vel potius agmine, cum dextra, sinistra gemente populo Romano minaretur dominis, notaret domos, divisurum se urbem palam suis polliceretur! Rediit ad milites; ibi pestifera illa Tiburi contio. Inde ad urbem cursus, senatus in Capitolium, parata de circumscribendo adulescente sententia consularis, cum repente (nam Martiam legionem Albae consedisse sciebat) adfertur ei de quarta nuntius. Quo perculsus abiecit consilium referendi ad senatum de Caesare; egressus est non viis, sed tramitibus paludatus eoque ipso die innumerabilia senatus consulta fecit, quae quidem omnia citius delata quam scripta sunt.

Ex eo non iter, sed cursus et fuga in Galliam. Caesarem sequi arbitrabatur cum legione Martia, cum quarta, cum veteranis, quorum ille nomen prae metu ferre non poterat, eique in Galliam penetranti D. se Brutus obiecit, qui se totius belli fluctibus circumiri quam illum aut regredi aut progredi maluit Mutinamque illi exultanti tamquam frenos furoris iniecit. Quam cum operibus munitionibusque saepsisset nec eum coloniae florentissimae dignitas neque consulis designati maiestas a parricidio deterreret, tum me (testor et vos et populum Romanum et omnis deos, qui huic urbi praesident) invito et repugnante legati missi tres consulares ad latronum gladiatorem ducem.

Quis tam barbarus umquam, tam immanis, tam ferus? Non audivit, non respondit, neque eos solum praesentes, sed multo magis nos, a quibus illi erant missi, sprevit et pro nihilo putavit. Postea quod scelus, quod facinus parricida non edidit? Circumsedet colonos nostros, exercitum populi Romani, imperatorem consulem designatum, agros divexat civium optimorum, hostis taeterrimus omnibus bonis cruces ac tormenta minitatur. Cum hoc, M. Lepide, pax esse quae potest? cuius ne supplicio quidem ullo satiari videtur posse populus Romanus.

Quodsi quis dubitare adhuc potuit, quin nulla societas huic ordini populoque Romano cum illa inportunissima belua posset esse, desinet profecto dubitare his cognitis litteris, quas mihi missas ab Hirtio consule modo accepi. Eas dum recito dumque de singulis sententiis breviter disputo, velim, patres conscripti, ut adhuc fecistis, me attente audiatis. 'Antonius Hirtio et Caesari.' Neque se imperatorem neque Hirtium consulem nec pro praetore Caesarem. Satis hoc quidem scite; deponere alienum nomen ipse maluit quam illis suum reddere. 'Cognita morte C. Treboni non plus gavisus sum, quam dolui.' Videte, quid se gavisus, quid doluisse dicat; facilius de pace deliberabitis. 'Dedisse poenas sceleratum cineri atque ossibus clarissimi viri et apparuisse numen deorum intra finem anni vertentis at iam soluto supplicio parricidii aut impendente laetandum est.' O Spartace! quem enim te potius appellem, cuius propter nefanda scelera tolerabilis videtur fuisse Catilina? laetandum esse ausus es scribere Trebonium dedisse poenas? sceleratum Trebonium? quo scelere, nisi quod te Idibus Martiis a debita tibi peste seduxit?

Age, hoc laetaris; videamus, quid moleste feras. 'A senatu iudicatum hostem populi Romani Dolabellam eo, quod sicarium occiderit, et videri cariorem populo Romano filium scurrae quam C. Caesarem, patriae parentem, ingemiscendum est.' Quid ingemiscis hostem *iudicatum* Dolabellam? quid? te non intellegis dilectu tota Italia habito, consulibus missis, Caesare ornato, sagis denique sumptis hostem iudicatum? Quid est autem, scelerate, quod gemas hostem Dolabellam iudicatum a senatu? quem tu ordinem omnino esse nullum putas, sed eam tibi causam belli gerendi proponis, ut senatum funditus deleas, reliqui boni et locupletes omnes summum ordinem subsequantur. At scurrae filium appellat. Quasi vero ignotus nobis fuerit splendidus eques Romanus Treboni pater. Is autem humilitatem despicere audet cuiusquam, qui ex Fadia sustulerit liberos?

'Acerbissimum vero est te, A.Hirti, ornatum beneficiis Caesaris et talem ab eo relictum, qualem ipse miraris,'—Equidem negare non possum a Caesare Hirtium ornatum, sed illa ornamenta in virtute et industria posita lucent. Tu vero, qui te ab eodem Caesare ornatum negare non potes, quid esses, si tibi ille non tam multa tribuisset? ecquo te tua virtus provexisset, ecquo genus *vitae*? In lustris, popinis, alea, vino tempus aetatis omne consumpsisses, ut faciebas, cum in gremiis mimarum mentum mentemque deponeres. 'et te, o puer,'—Puerum appellat, quem non modo virum, sed etiam fortissimum virum sensit et sentiet. Est istuc quidem nomen aetatis, sed ab eo minime usurpandum, qui suam amentiam puero huic praebet ad gloriam.

'qui omnia nomini debes,'—Debet vero solvitque praeclare. Si enim ille patriae parens, ut tu appellas (ego quid sentiam, videro), cur non hic parens verior, a quo certe vitam habemus e tuis facinerosissimis manibus ereptam? 'id agere ut iure damnatus sit Dolabella,'—Turpem vero actionem, qua defenditur amplissimi auctoritas ordinis contra crudelissimi gladiatoris amentiam! 'et ut venefica haec liberetur obsidione,'—Veneficam audes appellare eum virum, qui tuis veneficiis remedia invenit? quem ita obsides, nove Hannibal, aut si quis acutior imperator fuit, ut te ipse obsideas neque te istinc, si cupias, possis explicare. Recesseris, undique omnes insequentur; manseris, haerebis. Nimirum recte veneficam appellas, a quo tibi praesentem pestem vides comparatam. 'ut quam potentissimus sit Cassius atque Brutus.'

Putes Censorinum dicere aut Ventidium aut etiam ipsos Antonios. Cur autem nolint potentes esse non modo optimos et nobilissimos viros, sed secum etiam in rei publicae defensione coniunctos? 'Nimirum eodem modo haec adspicitis, ut priora.' Quae tandem? 'Castra Pompei senatum appellabatis.' An vero tua castra potius senatum appellaremus? in quibus tu es videlicet consularis, cuius totus consulatus est ex omni monimentorum memoria evulsus, duo praetores sine causa diffisi se aliquid habituros (nos enim Caesaris beneficia defendimus), praetorii Philadelphus Annius et innocens Gallius, aedilicii corycus laterum et vocis meae, Bestia, et fidei patronus, fraudator creditorum, Trebellius, et homo diruptos dirutusque Q.Coelius, columenque amicorum Antoni, Cotyla Varius, quem Antonius deliciarum causa loris in convivio caedi iubebat a servis publicis, septemvirales Lento, Nucula, tum deliciae atque amores populi Romani, L. Antonius, tribuni primum duo designati, Tullus Hostilius, qui suo iure in porta nomen inscripsit, qua, cum prodere imperatorem suum non potuisset, reliquit; alter est designatus Insteius nescio qui, fortis, ut aiunt, latro, quem tamen temperantem fuisse ferunt Pisauri balneatorem.

Secuntur alii tribunicii, T.Plancus in primis, qui si senatum dilexisset, numquam curiam incendisset. Quo scelere damnatus in eam urbem rediit armis, ex qua excesserat legibus. Sed hoc ei commune cum pluribus sui simillimis; illud tamen mirum, quod in hoc Planco proverbii loco dici solet, perire eum non posse, nisi ei crura fracta essent. Fracta sunt, et vivit. Hoc tamen, ut alia multa, Aquilae referatur acceptum. Est etiam ibi Decius ab illis, ut opinor, Muribus Deciis, itaque Caesaris munera rosit; Deciorum quidem multo intervallo per hunc praeclarum virum memoria renovata est. Saxam vero Decidium praeterire qui possum, hominem deductum ex ultimis gentibus, ut eum tribunum pl. videremus, quem civem numquam videramus?

Est quidem alter Saserna; sed omnes tamen tantam habent similitudinem inter se, ut in eorum praenominibus errem. Nec vero Extitius, Philadelphi frater, quaestor, praetermittendus est, ne, si de clarissimo adulescente siluero, invidisse videar Antonio. Est etiam Asinius quidam, senator voluntarius lectus ipse a se. Apertam Curiam vidit post Caesaris mortem, mutavit calceos, pater conscriptus repente factus est. Non novi Sex.Albesium, sed tamen neminem tam maledicum offendi, qui illum negaret dignum Antoni senatu. Arbitror me aliquos praeterisse; de iis tamen, qui occurrebant, tacere non potui. Hoc igitur fretus senatu Pompeianum senatum despicit, in quo decem fuimus consulares; qui si omnes viverent, bellum omnino hoc non fuisset; auctoritati cessisset audacia.

Sed quantum praesidii fuerit in ceteris, hinc intellegi potest, quod ego unus relictus ex multis contudi et fregi adiuvantibus vobis exultantis praedonis audaciam. Quodsi non Fortuna nobis

modo eripuisset Ser. Sulpicium eiusque collegam
ante, *M*.Marcellum, (quos civis, quos viros!) si duos consules
amicissimos patriae simul ex Italia eiectos, si L. Afranium,
summum ducem, si P. Lentulum, civem cum in ceteris rebus, tum in
salute mea singularem, si M. Bibulum, cuius est in rem publicam
semper merito laudata constantia, si L. Domitium,
praestantissimum civem, si Appium Claudium pari nobilitate et
voluntate praeditum, si P. Scipionem, clarissimum virum
maiorumque suorum simillimum, res publica tenere potuisset,
certe iis consularibus non esset Pompeianus despiciendus senatus.

Utrum igitur aequius, utrum melius rei publicae fuit Cn.
Pompeium an sectorem Cn. Pompei vivere, Antonium? Qui vero
praetorii! quorum princeps M. Cato idemque omnium gentium
virtute princeps. Quid reliquos clarissimos viros commemorem?
Nostis omnes. Magis vereor, ne longum me in enumerando quam
ne ingratum in praetereundo putetis. Qui aedilicii, qui tribunicii,
qui quaestorii! Quid multa? talis senatorum et dignitas et
multitudo fuit, ut magna excusatione opus iis sit, qui in illa castra
non venerunt. Nunc reliqua attendite. 'Victum Ciceronem ducem
habuistis.' Eo libentius 'ducem' audio, quod certe ille dicit invitus;
nam de 'victo' nihil laboro. Fatum enim meum est sine re publica
nec vinci posse nec vincere. 'Macedoniam munitis exercitibus.' Et
quidem fratri tuo, qui a vobis nihil degenerat, extorsimus. 'Africam
commisistis Varo bis capto.' Hic cum Gaio fratre putat se litigare.
'In Syriam Cassium misistis.' Non igitur sentis huic causae orbem
terrae patere, te extra munitiones tuas, vestigium ubi imprimas,
non habere?

'Cascam tribunatum gerere passi estis.' Quid ergo? ut Marullum,
ut Caesetium a re publica removeremus eum, per quem, ut neque
hoc idem posthac neque multa eius modi accidere possent,
consecuti sumus? 'Vectigalia Iuliana Lupercis ademistis.'
Lupercorum mentionem facere audet neque illius diei memoriam
perhorrescit, quo ausus est obrutus vino, unguentis oblitus, nudus
gementem populum Romanum ad servitutem cohortari?
'Veteranorum colonias deductas lege senatus consulto sustulistis.'
Nos sustulimus an contra legem comitiis centuriatis latam
sanximus? Vide, ne tu veteranos tamen eos, qui erant perditi,
perdideris in eumque locum deduxeris, ex quo ipsi iam sentiunt se
numquam exituros.

'Massiliensibus iure belli adempta reddituros vos pollicemini.'
Nihil disputo de iure belli (magis facilis disputatio est quam

necessaria); illud tamen animadvertite, patres conscripti, quam sit huic rei publicae natus hostis Antonius, qui tanto opere eam civitatem oderit, quam scit huic rei publicae semper fuisse amicissimam. 'Neminem Pompeianum, qui vivat, teneri lege Hirtia dictitatis.' Quis, quaeso, iam legis Hirtiae mentionem facit? cuius non minus arbitror latorem ipsum quam eos, de quibus lata est, paenitere. Omnino mea quidem sententia legem illam appellare fas non est, et, ut sit lex, non debemus illam Hirti legem putare. 'Apuleiana pecunia Brutum subornastis.' Quid? si omnibus suis copiis excellentem virum res publica armasset, quem tandem bonum paeniteret? Nec enim sine pecunia exercitum alere nec sine exercitu fratrem tuum capere potuisset.

'Securi percussos Petraeum et Menedenum, civitate donatos et hospites Caesaris, laudastis.' Non laudavimus, quod ne audivimus quidem. Valde enim nobis in tanta perturbatione rei publicae de duobus nequissimis Graeculis cogitandum fuit. 'Theopompum nudum expulsum a Trebonio confugere Alexandriam neglexistis.' Magnum crimen senatus! De Theopompo, summo homine, neglecximus; qui ubi terrarum sit, quid agat, vivat denique an mortuus sit, quis aut scit aut curat? 'Ser. Galbam eodem pugione succinctum in castris videtis.' Nihil tibi de Galba respondeo, fortissimo et constantissimo civi; coram aderit, praesens tibi et ipse et ille, quem insimulas, pugio respondebit. 'Milites aut meos aut veteranos contraxistis tamquam ad exitium eorum, qui Caesarem occiderant, et eosdem nec opinantis ad quaestoris sui aut imperatoris aut commilitonum suorum pericula impulistis.' Scilicet verba dedimus, decepimus: ignorabat legio Martia, quarta, nesciebant veterani, quid ageretur; non illi senatus auctoritatem, non libertatem populi sequebantur; Caesaris mortem ulcisci volebant, quam omnes fatalem fuisse arbitrabantur; te videlicet salvum, beatum, florentem esse cupiebant!

O miser cum re, tum hoc ipso, quod non sentis, quam miser sis! Sed maximum crimen audite. 'Denique quid non aut probastis aut fecistis, quod faciat, si reviviscat,'—Quis? credo enim, adferet aliquod scelerati hominis exemplum. 'Cn. Pompeius ipse'—O nos turpes, siquidem Cn. Pompeium imitati sumus! 'aut filius eius, si domi esse possit?' Poterit, mihi crede; nam paucis diebus et in domum et in hortos paternos immigrabit. 'Postremo negatis pacem fieri posse, nisi aut emisero Brutum aut frumento iuvero.' Alii istuc negant; ego vero, ne si ista quidem feceris, umquam tecum pacem huic civitati futuram puto. 'Quid? hoc placetne veteranis istis, quibus adhuc omnia integra sunt?' Nihil vidi tam integrum, quam ut oppugnare imperatorem incipiant, quem tanto studio consensuque ostenderint *quam oderint.*

'quamquam vos *eos* adsentationibus et venenatis muneribus venistis depravatum.' Itane corrupti sunt, quibus persuasum sit foedissimum hostem iustissimo bello persequi? 'At militibus inclusis opem fertis. Nihil moror eos salvos esse et ire quo lubet, si tantum modo patiuntur perire eum, qui meruit.' Quam benigne! denique usi liberalitate Antoni milites imperatorem reliquerunt et se ad hostem metu perterriti contulerunt; per quos si non stetisset, non Dolabella prius imperatori suo quam Antonius etiam collegae parentasset.

'Concordiae factam esse mentionem scribitis in senatu et legatos esse consularis quinque. Difficile est credere eos, qui me praecipitem egerint aequissimas condiciones ferentem et tamen ex iis aliquid remittere cogitantem, putare aliquid moderate aut humane esse facturos. Vix etiam veri simile est, qui iudicaverint hostem Dolabellam ob rectissimum facinus, eosdem nobis parcere posse idem sentientibus.' Parumne videtur omnium facinorum sibi cum Dolabella societatem initam confiteri? Nonne cernitis ex uno fonte omnia scelera manare? Ipse denique fatetur, hoc quidem satis acute, non posse eos, qui hostem Dolabellam iudicaverint 'ob rectissimum facinus' (ita enim videtur Antonio), sibi parcere idem sentienti.

Quid huic facias, qui hoc litteris memoriaeque mandarit, ita sibi convenisse cum Dolabella, ut ille Trebonium et, si posset, etiam Brutum, Cassium discruciatos necaret ** eademque inhibiret supplicia nobis? O conservandus civis cum tam pio iustoque foedere! Is etiam queritur condiciones suas repudiatas, aequas quidem et verecundas, ut haberet Galliam ultimam aptissimam ad bellum renovandum instruendumque provinciam, ut Alaudae in tertia decuria iudicarent, id est ut perfugium scelerum esset tutum turpissimis rei publicae sordibus, ut acta sua rata essent, cuius nullum remanet consulatus vestigium. Cavebat etiam L. Antonio, qui fuerat aequissimus agri privati et publici decempedator Nucula et Lentone collega.

'Quam ob rem vos potius animadvertite, utrum sit elegantius et partibus utilius, Treboni mortem persequi an Caesaris, et utrum sit aequius, concurrere nos, quo facilius reviviscat Pompeianorum causa totiens iugulata, an consentire, ne ludibrio simus inimicis,'— Si esset iugulata, numquam exurgeret; quod tibi tuisque contingat.

'Utrum', inquit, 'elegantius.' Atqui hoc bello de elegantia quaeritur! 'partibusque utilius'.

Partes, furiose, dicuntur in foro, in curia. Bellum contra patriam nefarium suscepisti, oppugnas Mutinam, circumsedes consulem designatum, bellum contra te duo consules gerunt cumque iis pro praetore Caesar, cuncta contra te Italia armata est. Istas tu partes potius quam a populo Romano defectionem vocas? 'Treboni mortem an Caesaris persequi.' Treboni satis persecuti sumus hoste iudicato Dolabella, Caesaris mors facillime defenditur oblivione et silentio. Sed videte, quid moliatur. Cum mortem Caesaris ulciscendam putat, mortem proponit non iis solum, qui illam rem gesserunt, sed iis etiam, si qui non moleste tulerunt.

'quibus, utri nostrum ceciderint, lucro futurum est, quod spectaculum adhuc ipsa Fortuna vitavit, ne videret unius corporis duas acies lanista Cicerone dimicantis, qui usque eo felix est, ut isdem ornamentis deceperit vos, quibus deceptum Caesarem gloriatus est.' Pergit in me maledicta, quasi vero ei pulcherrime priora processerint; quem ego inustum verissimis maledictorum notis tradam hominum memoriae sempiternae. Ego lanista? Et quidem non insipiens; deteriores enim iugulari cupio, meliores vincere. 'Uti ceciderint', scribit, 'lucro nobis futurum.'

O praeclarum lucrum, quo te victore (quod di omen avertant!) beata mors eorum futura sit, qui e vita excesserint sine tormentis. A me 'deceptos' ait 'isdem ornamentis' Hirtium et Caesarem. Quod, quaeso, adhuc a me est tributum Hirtio ornamentum? Nam Caesari plura et maiora debentur. Deceptum autem a me Caesarem dicere audes? Tu, tu, inquam, illum occidisti Lupercalibus; cuius, homo ingratissime, flaminium cur reliquisti? Sed iam videte magni et clari viri admirabilem gravitatem atque constantiam.

'Mihi quidem constat nec meam contumeliam nec meorum ferre nec deserere partis, quas Pompeius odivit, nec veteranos sedibus suis moveri pati nec singulos ad cruciatum trahi nec fallere fidem, quam dedi Dolabellae,'—Omitto alia; 'fidem Dolabellae', sanctissimi viri, deserere homo pius non potest. Quam fidem? an optimi cuiusque caedis, urbis et Italiae partitionis, vastandarum diripiendarumque provinciarum? Nam quid erat aliud, quod inter Antonium et Dolabellam, impurissimos parricidas, foedere et fide sanciretur?

'nec Lepidi societatem violare, piissimi hominis,'—Tibi cum Lepido societas aut cum ullo non dicam bono civi, sicut ille est, sed homine sano? Id agis, ut Lepidum aut impium aut insanum existimari velis. Nihil agis (quamquam adfirmare de altero difficile est), de Lepido praesertim, quem ego metuam numquam, bene sperabo, dum licebit. Revocare te a furore Lepidus voluit, non adiutor esse dementiae. Tu porro ne pios quidem, sed 'piissimos' quaeris et, quod verbum omnino nullum in lingua Latina est, id propter tuam divinam pietatem novum inducis.

'nec Plancum prodere, participem consiliorum.' Plancum participem? cuius memorabilis ac divina virtus lucem adfert rei publicae (nisi forte eum subsidio tibi venire arbitraris cum fortissimis legionibus, maximo equitatu peditatu Gallorum), quique, nisi ante eius adventum rei publicae poenas dederis, ille huius belli feret principatum. Quamquam enim prima praesidia utiliora rei publicae sunt, tamen extrema sunt gratiora.

Sed iam se colligit et ad extremum incipit philosophari. 'Si me rectis sensibus euntem di immortales, ut spero, adiuverint, vivam libenter. Sin autem me aliud fatum manet, praecipio gaudia suppliciorum vestrorum. Namque, si victi Pompeiani tam insolentes sunt, victores quales futuri sint, vos potius experiemini.' Praecipias licet gaudia; non enim tibi cum Pompeianis, sed cum universa re publica bellum est. Omnes te di, homines, summi, medii, infimi, cives, peregrini, viri, mulieres, liberi, servi oderunt. Sensimus hoc nuper falso nuntio, vero propediem sentiemus. Quae si tecum ipse recolueris, aequiore animo et maiore consolatione moriere.

'Denique summa iudicii mei spectat huc, ut meorum iniurias ferre possim, si aut oblivisci velint ipsi fecisse aut ulcisci parati sint una nobiscum Caesaris mortem.' Hac Antoni sententia cognita dubitaturumne A.Hirtium aut C. Pansam consules putatis, quin ad Antonium transeant, Brutum obsideant, Mutinam expugnare cupiant? Quid de Pansa et Hirtio loquor? Caesar, singulari pietate adulescens, poteritne se tenere, quin D. Bruti sanguine poenas patrias persequatur? Itaque fecerunt, ut his litteris lectis ad munitiones propius accederent. Quo maior adulescens Caesar maioreque deorum immortalium beneficio rei publicae natus est, qui nulla specie paterni nominis nec pietate abductus umquam est et intellegit maximam pietatem conservatione patriae contineri.

Quodsi partium certamen esset, quarum omnino nomen extinctum est, Antoniusne potius et Ventidius partes Caesaris defenderent quam primum Caesar, adulescens summa pietate et memoria parentis sui, deinde Pansa et Hirtius, qui quasi cornua duo tenuerunt Caesaris tum, cum illae vere partes vocabantur?

Hae vero quae sunt partes, cum alteris senatus auctoritas, populi Romani libertas, rei publicae salus proposita sit, alteris caedes bonorum, urbis Italiaeque partitio? Veniamus aliquando ad clausulam. 'Legatos venire non credo.' Bene me novit ** quod venias, proposito praesertim exemplo Dolabellae. Sanctiore erunt, credo, iure legati quam duo consules, contra quos arma fert, quam Caesar, cuius patris flamen est, quam consul designatus, quem oppugnat, quam Mutina, quam obsidet, quam patria, cui igni ferroque minitatur.

'Cum venerint, quae postulant cognoscam.' Quin tu abis in malam pestem malumque cruciatum! Ad te quisquam veniat nisi Ventidi similis? Oriens incendium qui restinguerent, summos viros misimus; repudiasti; nunc in tantam flammam tamque inveteratam mittamus, cum locum tibi reliquum non modo ad pacem, sed ne ad deditionem quidem feceris? Hanc ego epistulam, patres conscripti, non quo illum dignum putarem, recitavi, sed ut confessionibus ipsius omnia patefacta eius parricidia videretis.

Cum hoc pacem M. Lepidus, vir ornatissimus omnibus et virtutis et fortunae bonis, si haec *legeret*, suaderet, denique aut vellet aut fieri posse arbitraretur? 'Prius undis flamma', ut ait poeta nescio quis, prius denique omnia, quam aut cum Antoniis res publica aut cum re publica Antonii redeant in gratiam. Monstra quaedam ista et portenta sunt prodigia rei publicae. Moveri sedibus huic urbi melius est atque in alias, si fieri possit, terras demigrare, unde Antoniorum 'nec facta nec nomen audiat', quam illos Caesaris virtute eiectos, Bruti retentos intra haec moenia videre. Optatissimum est vincere; secundum est nullum casum pro dignitate et libertate patriae non ferendum putare. Quod reliquum est, non est tertium, sed postremum omnium, maximam turpitudinem suscipere vitae cupiditate.

Quae cum ita sint, de mandatis litterisque M. Lepidi, viri clarissimi, Servilio adsentior et hoc amplius censeo, 'Magnum Pompeium, Gnaei filium, pro patris maiorumque suorum animo studioque in rem publicam suaque pristina virtute, industria, voluntate fecisse, quod suam eorumque, quos secum haberet, operam senatui populoque Romano pollicitus esset, eamque rem senatui populoque Romano gratam acceptamque esse, eique honori dignitatique eam rem fore.' Hoc vel coniungi cum hoc senatus consulto licet vel seiungi potest separatimque perscribi, ut proprio senatus consulto Pompeius collaudatus esse videatur.

PHILIPPICA QVARTA DECIMA

Si, ut ex litteris, quae recitatae sunt, patres conscripti, sceleratissimorum hostium exercitum caesum fusumque cognovi, sic id, quod et omnes maxime optamus *et* ex ea victoria, quae parta est, consecutum arbitramur, D. Brutum egressum iam Mutina esse cognovissem, propter cuius periculum ad saga issemus, propter eiusdem salutem redeundum ad pristinum vestitum sine ulla dubitatione censerem. Ante vero quam sit ea res, quam avidissime civitas exspectat, allata, laetitia frui satis est maximae praeclarissimaeque pugnae; reditum ad vestitum confectae victoriae reservate. Confectio autem huius belli est D. Bruti salus.

Quae autem est ista sententia, ut in hodiernum diem vestitus mutetur, deinde cras sagati prodeamus? Nos vero cum semel ad eum, quem cupimus optamusque, vestitum redierimus, id agamus, ut eum in perpetuum retineamus. Nam hoc quidem cum turpe est, tum ne dis quidem immortalibus gratum, ab eorum aris, ad quas togati adierimus, ad saga sumenda discedere.

Atque animadverto , patres conscripti, quosdam huic favere sententiae; quorum ea mens idque consilium est, ut, cum videant gloriosissimum illum D. Bruto futurum diem, quo die propter eius salutem redierimus ad vestitum, hunc ei fructum eripere cupiant, ne memoriae posteritatique prodatur propter unius civis periculum populum Romanum ad saga isse, propter eiusdem salutem redisse ad togas. Tollite hanc; nullam tam pravae sententiae causam reperietis. Vos vero, patres conscripti, conservate auctoritatem vestram, manete in sententia, tenete vestra memoria, quod saepe ostendistis, huius totius belli in unius viri fortissimi et maximi vita positum esse discrimen.

Ad D. Brutum liberandum legati missi principes civitatis, qui illi hosti ac parricidae denuntiarent, ut a Mutina discederet; eiusdem D. Bruti conservandi gratia consul sortitu ad bellum profectus A. Hirtius, cuius inbecillitatem valetudinis animi virtus et spes victoriae confirmavit; Caesar cum exercitu per se comparato, cum prius pestibus rem publicam liberasset, ne quid postea sceleris oriretur, profectus est ad eundem Brutum liberandum vicitque dolorem aliquem domesticum patriae caritate.

Quid C. Pansa egit aliud dilectibus habendis, pecuniis comparandis, senatus consultis faciendis gravissimis in Antonium, nobis cohortandis, populo Romano ad causam libertatis vocando, nisi ut D. Brutus liberaretur? A quo populus Romanus frequens ita salutem D. Bruti una voce depoposcit, ut eam non solum commodis suis, sed etiam necessitati victus anteferret. Quod sperare nos quidem debemus, patres conscripti, aut inibi esse aut iam esse confectum; sed spei fructum rei convenit et evento reservari, ne aut deorum inmortalium beneficium festinatione praeripuisse aut vim fortunae stultitia contempsisse videamur.

Sed quoniam significatio vestra satis declarat, quid hac de re sentiatis, ad litteras veniam, quae sunt a consulibus et a propraetore missae, si pauca ante, quae ad ipsas litteras pertineant, dixero. Imbuti gladii sunt, patres conscripti, legionum exercituumque nostrorum vel madefacti potius duobus duorum consulum, tertio Caesaris proelio. Si hostium fuit ille sanguis, summa militum pietas, nefarium scelus, si civium. Quousque igitur is, qui omnes hostes scelere superavit, nomine hostis carebit? nisi mucrones etiam nostrorum militum tremere vultis dubitantis, utrum in cive an in hoste figantur.

Supplicationem decernitis, hostem non appellatis. Gratae vero nostrae dis immortalibus gratulationes erunt, gratae victimae, cum interfecta sit civium multitudo! 'De improbis', inquit 'et audacibus.' Nam sic eos appellat clarissimus vir; quae sunt urbanarum maledicta litium, non inustae belli internecivi notae. Testamenta, credo, subiciunt aut eiciunt vicinos aut adulescentulos circumscribunt; his enim vitiis adfectos et talibus malos *aut*audaces appellare consuetudo solet.

Bellum inexpiabile infert quattuor consulibus unus omnium latronum taeterrimus, gerit idem bellum cum senatu populoque Romano, omnibus (quamquam ruit ipse suis cladibus) pestem, vastitatem, cruciatum, tormenta denuntiat, Dolabellae ferum et inmane facinus, quod nulla barbaria posset agnoscere, id suo consilio factum esse testatur; quaeque esset facturus in hac urbe, nisi eum hic ipse Iuppiter ab hoc templo atque moenibus reppulisset, declaravit in Parmensium calamitate, quos optimos viros honestissimosque homines maxime cum auctoritate huius ordinis populique Romani dignitate coniunctos crudelissimis exemplis interemit propudium illud et portentum, L. Antonius, insigne odium omnium hominum vel, si etiam di oderunt, quos oportet, deorum.

Refugit animus, patres conscripti, eaque dicere reformidat, quae L. Antonius in Parmensium liberis et coniugibus effecerit. Quas enim turpitudines Antonii libenter cum dedecore subierunt, easdem per vim laetantur aliis se intulisse. Sed vis calamitosa est quam illis obtulerunt, libido flagitiosa, qua Antoniorum oblita est vita. Est igitur quisquam, qui hostis appellare non audeat, quorum scelere crudelitatem Carthaginiensium victam esse fateatur? Qua enim in urbe tam inmanis Hannibal capta quam in Parma surrepta Antonius? nisi forte huius coloniae et ceterarum, in quas eodem est animo, non est hostis putandus.

Si vero coloniarum et municipiorum sine ulla dubitatione hostis est, quid tandem huius censetis urbis, quam ille ad explendas egestates latrocinii sui concupivit, quam iam peritus metator et callidus decempeda sua Saxa diviserat? Recordamini, per deos immortales! patres conscripti, quid hoc biduo timuerimus a domesticis hostibus rumoribus improbissimis dissipatis. Quis liberos, quis coniugem aspicere poterat sine fletu, quis domum, quis tecta, quis larem familiarem? Aut foedissimam mortem omnes aut miserabilem fugam cogitabant. Haec a quibus timebantur, eos hostes appellare dubitamus? Gravius si quis attulerit nomen, libenter adsentiar; hoc vulgari contentus vix sum, leviore non utar.

Itaque, cum supplicationes iustissimas ex iis litteris, quae recitatae sunt, decernere debeamus Serviliusque decreverit, augebo omnino numerum dierum, praesertim cum non uni, sed tribus ducibus sint decernendae; sed hoc primum faciam, ut imperatores appellem eos, quorum virtute, consilio, felicitate maximis periculis servitutis atque interitus liberati sumus. Etenim cui viginti his annis supplicatio decreta est, ut non imperator appellaretur aut minimis rebus gestis aut plerumque nullis? Quam ob rem aut supplicatio ab eo, qui ante dixit, decernenda non fuit aut usitatus honos pervulgatusque tribuendus iis, quibus etiam novi singularesque debentur.

An, si quis Hispanorum aut Gallorum aut Threcum mille aut duo milia occidisset, illum hac consuetudine, quae increbuit, imperatorem appellaret senatus; tot legionibus caesis, tanta multitudine hostium interfecta (*hostium* dico; ita, inquam, hostium, quamvis hoc isti hostes domestici nolint) clarissimis ducibus supplicationum honorem tribuemus, imperatorium nomen adimemus? Quanto enim honore, laetitia, gratulatione in hoc templum ingredi debent illi ipsi huius urbis liberatores, cum hesterno die propter eorum res gestas me ovantem et prope triumphantem populus Romanus in Capitolium domo tulerit, domum inde reduxerit?

Is enim demum est mea quidem sententia iustus triumphus ac verus, cum bene de re publica meritis testimonium a consensu civitatis datur. Nam sive in communi gaudio populi Romani uni gratulabantur, magnum iudicium, sive uni gratias agebant, eo maius, sive utrumque, nihil magnificentius cogitari potest. 'Tu igitur ipse de te?' dixerit quispiam. Equidem invitus, sed iniuriae dolor facit me praeter consuetudinem gloriosum. Nonne satis est ab hominibus virtutis ignaris gratiam bene merentibus non referri? etiam in eos, qui omnes suas curas in rei publicae salute defigunt, impetus crimen invidia quaeretur?

Scitis enim per hos dies creberrimum fuisse sermonem, me Parilibus, qui dies hodie est, cum fascibus descensurum. In aliquem credo hoc gladiatorem aut latronem aut Catilinam esse conlatum, non in eum, qui, ne quid tale in re publica fieri posset, effecerit. An ut ego, qui Catilinam haec molientem sustulerim, everterim, adflixerim, ipse existerem repente Catilina? Quibus auspiciis istos fascis augur acciperem, quatenus haberem, cui traderem? Quemquamne fuisse tam sceleratum, qui hoc fingeret, tam furiosum, qui crederet? Unde igitur ista suspicio vel potius unde iste sermo?

Cum, ut scitis, hoc triduo vel quadriduo tristis a Mutina fama manaret, inflati laetitia atque insolentia impii cives unum se in locum ad illam curiam furiis potius suis quam rei publicae infelicem congregabant. Ibi cum consilia inirent de caede nostra partirenturque inter se, qui Capitolium, qui rostra, qui urbis portas occuparent, ad me concursum futurum civitatis putabant. Quod ut cum invidia mea fieret et cum vitae etiam periculo, famam istam fascium dissipaverunt, fascis ipsi ad me delaturi fuerunt. Quod cum esset quasi mea voluntate factum, tum in me impetus conductorum hominum quasi in tyrannum parabatur, ex quo caedes esset vestrum omnium consecuta. Quae res patefecit, patres conscripti, sed suo tempore totius huius sceleris fons aperietur.

Itaque P. Apuleius, tribunus pl., meorum omnium consiliorum periculorumque iam inde a consulatu meo testis, conscius, adiutor, dolorem ferre non potuit doloris mei; contionem habuit maximam populo Romano unum atque idem sentiente. In qua contione cum me pro summa nostra coniunctione et familiaritate liberare suspicione fascium vellet, una voce cuncta contio declaravit nihil esse a me umquam de re publica nisi optime cogitatum. Post hanc habitam contionem duabus tribusve horis optatissimi nuntii et litterae venerunt, ut idem dies non modo iniquissima me invidia liberarit, sed etiam celeberrima populi Romani gratulatione auxerit.

Haec interposui, patres conscripti, non tam ut pro me dixerim (male enim mecum ageretur, si parum vobis essem sine defensione purgatus), quam ut quosdam nimis ieiuno animo et angusto monerem, id quod semper ipse fecissem, uti excellentium civium virtutem imitatione dignam, non invidia putarent. Magnus est in re publica campus, ut sapienter dicere Crassus solebat, multis apertus cursus ad laudem. Utinam quidem illi principes viverent, qui me post meum consulatum, cum iis ipse cederem, principem non inviti videbant! Hoc vero tempore in tanta inopia constantium et fortium consularium quo me dolore affici creditis, cum alios male sentire, alios nihil omnino curare videam, alios parum constanter in suscepta causa permanere sententiamque suam non semper utilitate rei publicae, sed tum spe, tum timore moderari?

Quod si quis de contentione principatus laborat, quae nulla esse debet, stultissime facit, si vitiis cum virtute contendit; ut enim cursu cursus, sic in viris fortibus virtus virtute superatur. Tu, si ego de re publica optime sentiam, ut me vincas, ipse pessime senties aut, si ad me bonorum concursum fieri videbis, ad te improbos invitabis? Nollem primum rei publicae causa, deinde etiam dignitatis tuae. Sed si principatus ageretur, quem numquam expetivi, quid tandem mihi esset optatius? Ego enim malis sententiis vinci non possum, bonis forsitan possim et libenter.

Haec populum Romanum videre, animadvertere, iudicare quidam moleste ferunt. Poteratne fieri, ut non proinde homines *de*quoque, ut quisque mereretur, iudicarent? Ut enim de universo senatu populus Romanus verissime iudicat nullis rei publicae temporibus hunc ordinem firmiorem aut fortiorem fuisse, sic de uno quoque nostrum et maxime, qui hoc loco sententias dicimus, sciscitantur omnes, avent audire, quid quisque senserit; ita de quoque, ut quemque meritum arbitrantur, existimant. Memoria tenent me ante diem XIII Kalendas Ianuarias principem revocandae libertatis fuisse, me ex Kalendis Ianuariis ad hanc horam invigilasse rei publicae,

meam domum measque auris dies noctesque omnium praeceptis monitisque patuisse, meis litteris, meis nuntiis, meis cohortationibus omnes, qui ubique essent, ad patriae praesidium excitatos, meis sententiis a Kalendis Ianuariis numquam legatos ad Antonium, semper illum hostem, semper hoc bellum, ut ego, qui omni tempore verae pacis auctor fuissem, huic essem nomini pestiferae pacis inimicus.

Idem P. Ventidium, cum alii praetorem Volusenum, ego semper hostem. Has in sententias meas si consules discessionem facere voluissent, omnibus istis latronibus auctoritate ipsa senatus iam pridem de manibus arma cecidissent. Sed, quod tum non licuit, patres conscripti, id hoc tempore non solum licet, verum etiam necesse est, eos, qui re sunt hostes, verbis notari, sententiis nostris hostes iudicari.

Antea cum hostem ac bellum nominassem, semel et saepius sententiam meam de numero sententiarum sustulerunt, quod in hac causa iam fieri non potest. Ex litteris enim C. Pansae A. Hirti consulum, C. Caesaris pro praetore de honore dis immortalibus habendo sententias dicimus. Supplicationem modo qui decrevit, idem imprudens hostes iudicavit; numquam enim in civilis bello supplicatio decreta est. Decretam dico; ne victoris quidem litteris postulata est.

Civile bellum consul Sulla gessit, legionibus in urbem adductis, quos voluit, expulit, quos potuit, occidit; supplicationis mentio nulla. Grave bellum Octavianum insecutum est; supplicatio Cinnae} nulla victori. Cinnae victoriam imperator ultus est Sulla; nulla supplicatio decreta a senatu. Ad te ipsum, P. Servili, num misit ullas collega litteras de illa calamitosissima pugna Pharsalia, num te de supplicatione voluit referre? Profecto noluit. At misit postea de Alexandria, de Pharnace; Pharsaliae vero pugnae ne triumphum quidem egit. Eos enim cives pugna illa sustulerat, quibus non modo vivis, sed etiam victoribus incolumis et florens civitas esse posset.

Quod idem contigerat superioribus bellis civilibus. Nam mihi consuli supplicatio nullis armis sumptis non ob caedem hostium, sed ob conservationem civium novo et inaudito genere decreta est. Quam ob rem aut supplicatio re publica pulcherrime gesta postulantibus nostris imperatoribus deneganda est, quod praeter Gabinium contigit nemini, aut supplicatione decernenda hostes eos, de quibus decernitis, iudicetis necesse est. Quod ergo ille re, id ego etiam verbo, cum imperatores eos appello; hoc ipso nomine et eos, qui iam devicti sunt, et eos, qui supersunt, hostes iudico, cum victores appello imperatores.

Quo modo enim potius Pansam appellem, etsi habet honoris nomen amplissimi, quo Hirtium? Est ille quidem consul, sed alterum nomen beneficii populi Romani est, alterum virtutis atque victoriae. Quid? Caesarem, deorum beneficio rei publicae procreatum dubitemne appellare imperatorem? qui primus Antoni inmanem et foedam crudelitatem non solum a iugulis nostris, sed etiam a membris et visceribus avertit. Unius autem diei quot et quantae virtutes, di immortales, fuerunt!

Princeps enim omnium Pansa proelii faciendi et cum Antonio confligendi fuit, dignus imperator legione Martia, digna legio imperatore. Cuius si acerrimum impetum cohibere Pansa potuisset, uno proelio confecta res esset. Sed cum libertatis avida legio effrenatius in aciem hostium inrupisset ipseque in primis Pansa pugnaret, duobus periculosis vulneribus acceptis sublatus e proelio rei publicae vitam reservavit. Ego vero hunc non solum imperatorem, sed etiam clarissimum imperatorem iudico, qui cum aut morte aut victoria se satis facturum rei publicae spopondisset, alterum fecit, alterius di immortales omen avertant!

Quid dicam de Hirtio? qui re audita e castris duas legiones eduxit incredibili studio atque virtute, quartam illam, quae relicto Antonio se olim cum Martia legione coniunxit, et septimam, quae constituta ex veteranis docuit hoc proelio militibus iis, qui Caesaris beneficia servassent, senatus populique Romani carum nomen esse. His viginti cohortibus nullo equitatu Hirtius ipse aquilam quartae legionis cum inferret, qua nullius pulchriorem speciem imperatoris accepimus, cum tribus Antoni legionibus equitatuque conflixit hostesque nefarios huic Iovis Optimi Maximi ceterisque deorum immortalium templis, urbis tectis, libertati populi Romani, nostrae vitae sanguinique imminentes prostravit, fudit, occidit, ut cum admodum paucis nocte tectus, metu perterritus princeps latronum duxque fugerit. O solem ipsum beatissimum, qui antequam se abderet, stratis cadaveribus parricidarum cum paucis fugientem vidit Antonium!

An vero quisquam dubitabit appellare Caesarem imperatorem? Aetas eius certe ab hac sententia neminem deterrebit, quandoquidem virtute superavit aetatem. Ac mihi semper eo maiora beneficia C. Caesaris visa sunt, quo minus erant ab aetate illa postulanda; cui cum imperium dabamus, eodem tempore etiam spem eius nominis deferebamus; quod cum est consecutus, auctoritatem decreti nostri rebus gestis suis comprobavit. Hic ergo adulescens maximi animi, ut verissime scribit Hirtius, castra multarum legionum paucis cohortibus tutatus est secundumque proelium fecit. Ita trium imperatorum virtute, consilio, felicitate uno die locis pluribus res publica est conservata.

Decerno igitur eorum trium nomine quinquaginta dierum supplicationes; causas, ut honorificentissimis verbis consequi potuero, complectar ipsa sententia. Est autem fidei pietatisque nostrae declarare fortissimis militibus, quam memores simus quamque grati. Quam ob rem promissa nostra atque ea, quae legionibus bello confecto tributuros nos spopondimus, hodierno senatus consulto renovanda censeo; aequum est enim militum, talium praesertim, honorem coniungi.

Atque utinam, patres conscripti, civibus omnibus solvere nobis praemia liceret! quamquam nos ea, quae promisimus, studiose cumulata reddemus. Sed id quidem restat, ut spero, victoribus, quibus senatus fides praestabitur: quam quoniam difficillimo rei publicae tempore secuti sunt, eos numquam oportebit consilii sui paenitere. Sed facile est bene agere cum iis, a quibus etiam tacentibus flagitari videmur; illud admirabilius et maius maximeque proprium senatus sapientis est, grata eorum virtutem memoria prosequi, qui pro patria vitam profuderunt.

Quorum de honore utinam mihi plura in mentem venirent! Duo certe non praeteribo, quae maxime occurrunt, quorum alterum pertinet ad virorum fortissimorum gloriam sempiternam, alterum ad leniendum maerorem et luctum proximorum. Placet igitur mihi, patres conscripti, legionis Martiae militibus et eis, qui una pugnantes occiderint, monumentum fieri quam amplissimum. Magna atque incredibilia sunt in rem publicam huius merita legionis. Haec se prima latrocinio abrupit Antoni, haec tenuit Albam, haec se ad Caesarem contulit, hanc imitata quarta legio parem virtutis gloriam consecuta est. Quarta victrix desiderat neminem; ex Martia non nulli in ipsa victoria conciderunt. O fortunata mors, quae naturae debita pro patria est potissimum reddita!

Vos vero patriae natos iudico, quorum etiam nomen a Marte est, ut idem deus urbem hanc gentibus, vos huic urbi genuisse videatur. In fuga foeda mors est, in victoria gloriosa. Etenim Mars ipse ex acie fortissimum quemque pignerari solet. Illi igitur impii, quos cecidistis, etiam ad inferos poenas parricidii luent, vos vero, qui extremum spiritum in victoria effudistis, piorum estis sedem et locum consecuti. Brevis a natura vita vobis data est, at memoria bene redditae vitae sempiterna. Quae si non esset longior quam haec vita, quis esset tam amens, qui maximis laboribus et periculis ad summam laudem gloriamque contenderet?

Actum igitur praeclare vobiscum, fortissimi, dum vixistis, nunc vero etiam sanctissimi milites, quod vestra virtus neque oblivione eorum, qui nunc sunt, nec reticentia posterorum sepulta esse poterit, cum vobis inmortale monumentum suis paene manibus senatus populusque Romanus exstruxerit. Multi saepe exercitus Punicis, Gallicis, Italicis bellis clari et magni fuerunt, nec tamen ullis tale genus honoris tributum est. Atque utinam maiora possemus, quandoquidem a vobis maxima accepimus! Vos ab urbe furentem Antonium avertistis, vos redire molientem reppulistis. Erit igitur exstructa moles opere magnifico incisaeque litterae divinae virtutis testes sempiternae, numquam de vobis eorum, qui aut videbunt vestrum monumentum aut audient, gratissimus sermo conticescet. Ita pro mortali condicione vitae inmortalitatem estis consecuti.

Sed quoniam, patres conscripti, gloriae munus optimis et fortissimis civibus monumenti honore persolvitur, consolemur eorum proximos, quibus optima est haec quidem consolatio, parentibus, quod tanta rei publicae praesidia genuerunt, liberis, quod habebunt domestica exempla virtutis, coniugibus, quod iis viris carebunt, quos laudare quam lugere praestabit, fratribus, quod in se ut corporum, sic virtutis similitudinem esse confident. Atque utinam his omnibus abstergere fletum sententiis nostris consultisque possemus vel aliqua talis iis adhiberi publice posset oratio, qua deponerent maerorem atque luctum gauderentque potius, cum multa et varia impenderent hominibus genera mortis, id genus, quod esset pulcherrimum suis obtigisse eosque nec inhumatos esse nec desertos, quod tamen ipsum pro patria non miserandum putatur, nec dispersis bustis humili sepultura crematos, sed contectos publicis operibus atque muneribus eaque extructione, quae sit ad memoriam aeternitatis ara Virtutis.

Quam ob rem maximum quidem solacium erit propinquorum eodem monumento declarari et virtutem suorum et populi Romani pietatem et senatus fidem et crudelissimi memoriam belli; in quo nisi tanta militum virtus exstitisset, parricidio M. Antoni nomen populi Romani occidisset. Atque etiam censeo, patres conscripti, quae praemia militibus promisimus nos re publica reciperata tributuros, ea vivis victoribusque cumulate, cum tempus venerit, persolvenda; qui autem ex iis, quibus illa promissa sunt, pro patria occiderunt, eorum parentibus, liberis, coniugibus, fratribus eadem tribuenda censeo.

Sed ut aliquando sententiam complectar, ita censeo: 'cum C. Pansa consul, imperator, initium cum hostibus confligendi fecerit, quo proelio legio Martia admirabili incredibilique virtute libertatem populi Romani defenderit, quod idem legiones tironum fecerint, ipseque C. Pansa consul, imperator, cum inter media hostium tela versaretur, vulnera acceperit, cumque A. Hirtius consul, imperator, proelio audito, re cognita, fortissimo praestantissimoque animo exercitum castris eduxerit impetumque in M. Antonium exercitumque hostium fecerit eiusque copias occidione occiderit suo exercitu ita incolumi, ut ne unum quidem militem desiderarit,

cumque C. Caesar pro praetore, imperator, consilio diligentiaque sua castra feliciter defenderit copiasque hostium, quae ad castra accesserant, profligarit, occiderit: ob eas res senatum existimare et iudicare eorum trium imperatorum virtute, imperio, consilio, gravitate, constantia, magnitudine animi, felicitate populum Romanum foedissima crudelissimaque servitute liberatum;

cumque rem publicam, urbem, templa deorum immortalium, bona fortunasque omnium liberosque conservarint dimicatione et periculo vitae suae, uti ob eas res bene, fortiter feliciterque gestas C. Pansa A. Hirtius consules, imperatores, alter ambove, aut, si aberunt, M. Cornutus, praetor urbanus, supplicationes per dies quinquaginta ad omnia pulvinaria constituat;

cumque virtus legionum digna clarissimis imperatoribus extiterit, senatum, quae sit antea pollicitus legionibus exercitibusque nostris, ea summo studio re publica recuperata persoluturum; cumque legio Martia princeps cum hostibus conflixerit atque ita cum maiore numero hostium contenderit,*ut*, cum plurimos caederent, caderent non nulli, cumque sine ulla retractatione pro patria vitam profuderint; cumque simili virtute reliquarum legionum milites pro salute et libertate populi Romani mortem oppetiverint: senatui placere, ut C. Pansa A. Hirtius consules, imperatores, alter ambove, si eis videatur, iis qui sanguinem pro vita, libertate, fortunis populi Romani, pro urbe, templis deorum immortalium profudissent, monumentum quam amplissimum locandum faciendumque curent *quaestoresque urb.* ad eam rem pecuniam dare, attribuere, solvere iubeant, ut exstet ad memoriam posteritatis sempiternam scelus crudelissimorum hostium militumque divina virtus, utique, quae praemia senatus militibus ante constituit, ea solvantur eorum, qui hoc bello pro patria occiderunt, parentibus, liberis, coniugibus, fratribus, iisque tribuantur, quae militibus ipsis tribui oporteret, si vivi vicissent, qui morte vicerunt.

Also Available from JiaHu Books

Πολιτεία – 9781909669482

The Early Dialogues – Apology to Lysis – 9781909669888

Ἰλιάς - 9781909669222

Ὀδύσσεια - 9781909669260

Ἀνάβασις - 9781909669321

Μήδεια – Βάκχαι – 9781909669765

Νεφέλαι – Λυσιστράτη – 9781909669956

Ἱστορίαι - 9781909669710

De rerum natura – Lucretius

Metamorphoses – Ovid (Latin)

Satyricon - Gaius Petronius Arbiter (Latin)

Metamorphoses – Asinus Aureus (Latin)

Plays of Terence (Latin)

Complete Works of Pliny the Younger (Latin)

Egils Saga (Old Norse)

Egils Saga (Icelandic)

Brennu-Njáls saga (Icelandic)

Laxdæla Saga (Icelandic)

अभीज्ञानशाकु न्ताकम्- Recognition of Sakuntala (Sanskrit) –
9781909669192

易經 – 9781909669383

春秋左氏傳 - 9781909669390

尚書 – 9781909669635